경북의 종가문화 19

청빈과 지조로 지켜 온 300년 세월, 안동 대산 이상정 종가

경북의 종가문화 19

청빈과 지조로 지켜 온 300년 세월,
안동 대산 이상정 종가

기획 | 경상북도 · 경북대학교 영남문화연구원
지은이 | 김순석
펴낸이 | 오정혜
펴낸곳 | 예문서원

편집 | 유미희
디자인 | 김세연
인쇄 및 제본 | 주) 상지사 P&B

초판 1쇄 | 2013년 10월 31일

주소 | 서울시 성북구 안암동 4가 41-10 건양빌딩 4층
출판등록 | 1993년 1월 7일(제307-2010-51호)
전화 | 925-5914 / 팩스 | 929-2285
홈페이지 | http://www.yemoon.com
이메일 | yemoonsw@empas.com

ISBN 978-89-7646-308-1 04980
ISBN 978-89-7646-307-4 (전8권)

값 18,000원

경북의 종가문화 19

청빈과 지조로 지켜 온 300년 세월,
안동 대산 이상정 종가

김순석 지음

예문서원

지은이의 말

종가는 한 문중에서 맏아들이 맥을 이어 오는 큰집을 말한다. 또한 종가는 영원토록 제사를 모시는 불천위不遷位를 모신 집안이자, 지역사회에서 영향력이 큰 집안이다. 불천위는 살아생전에 당대의 대학자 또는 경세가로 시대적인 과제를 해결하는 데 크게 기여하신 분이다. 종가는 그런 불천위를 모신 집으로 항상 인정이 넘쳐 나는 곳이며, 문중의 중심이고, 구심점이다. 종가가 주는 인상은 너그러움과 후덕함이다. 언제나 다른 사람의 힘든 일을 함께 나누는 그런 큰 집이다. 그런 까닭에 종가에는 멀고 가까운 곳에서 찾아오는 손님들이 끊이지 않는다. 종가의 주인인 종손과 종부는 언제나 이렇게 찾아오는 손님들을 정갈한 음식으로 잘 대접하고 많이 베풂으로써 문중을 결속한다.

필자가 대산종가大山宗家에 관심을 가지게 된 것은 지금부터 10여 년 전이다. 필자는 한국국학진흥원에 재직하면서 2003년 '기록문화와 목판의 세계'라는 특별기획전을 준비한 적이 있었다. 그때 대산종가로부터 기탁된 '누추한 집'이라는 뜻의 '폐려弊廬'와 나이가 들어도 자신을 수양하는 데 힘쓰겠다는 '만수재晩修齋'와 같은 현판은 필자에게 무척 인상적이었다. '폐려'는 세로로 된 타원형의 전서체 현판이다. 이 현판에서 필자는 대산 선생의 겸손함과 검소함 그리고 청렴함 같은 것을 느낄 수 있었다. 그리고 '만수재'에서는 대산 이상정李象靖의 학자적 면모를 엿볼 수 있었다. 필자와 대산 선생과의 만남은 이렇게 현판에서 시작되었다. 그 후 대산 선생과의 인연은 『대산 이상정의 생각과 삶』이라는 평전 발간으로 이어졌다. 그 인연이 빌미가 되어 이제 대산종가를 소개하기에 이르렀다.

책의 내용에 대산 선생뿐만 아니라 대산종가의 많은 인물들과 종가의 건축 및 제례와 현 종손의 생각까지도 담아 달라는 영남문화연구원의 요청은 사실 큰 부담이었다. 더구나 평범하면서도 쉽고, 재미있게 써 달라는 주문은 필자와 같이 재주가 없는 사람에게는 애초에 감당이 될 것 같지 않았다. 필자의 짧은 재주로 대산 선생을 비롯한 종가의 많은 분들의 학문과 인격을 이해하기에는 너무 벅찬 일이기 때문이다. 그럼에도 불구하고 필자는 만용을 부려 보기로 하였다. 대산 선생과 종가의 인물들은 존경스러운 분들이기 때문이다.

대산종가 인물들의 특징은 어려운 상황에서도 지조를 지키고 청빈한 생활을 해 오신 분들이라는 점이다. 관직이나 세속의 출세 같은 것에는 별 관심이 없었지만 학구열과 현실 문제 인식은 너무 치열하여 늘 문제의 중심에 있었다. 대산종가의 사람들은 당대의 많은 학자들과 교류하였고 그들이 이루어 낸 학문적인 성과와 현실 인식은 후학들의 귀감이 되었다.

필자는 대산종가의 사람들을 공부하면서 세상에는 변해야 할 것과 변하지 말아야 할 것이 있다는 것을 알게 되었다. 변해야 할 것은 시대의 흐름에 적응하는 것이다. 컴퓨터와 첨단기기는 사용법을 익혀 활용해야 한다. 첨단 디지털 기기가 보급된 시점에서 굳이 아날로그 기기를 고집할 필요가 없다. 마찬가지로 생각 또한 디지털 시대를 따라 가야한다. 그렇지만 아무리 세상이 변한다고 해도 변할 수 없는 것이 있다. 부모가 자식을 사랑하는 마음은 몇천 년 전이나 지금이나 크게 변하지 않았다. 형식은 조금씩 변하였을지라도 친구 간의 우정 또한 그렇다. 오늘의 현실을 살펴보면 변해야 할 것을 변화시키는 데는 인색하고, 변하지 말아야 할 것은 쉽게 변하는 경향이 있는 듯하다. 자신의 잘못과 생각을 고치지 않고 그럴 수밖에 없었다고 강변하는 사람들이 많다. 노인 문제가 갈수록 심각해지는 것을 보면 부모와 스승에 대한 사랑이 변하였다는 것을 알 수 있다. 이러한 현상에 대한 아쉬움은 바로 가정의 질서가 무너지는 데서 비롯되었다고 보인다. 가정의 질서는 밥상머리 교육이 제대로 되지 않은 데서부터 비롯되지 않았을까. 밥상머리 자체가 없어져 버렸다. 할아버지 · 할머니와 함께 식탁에 앉는 가정이 드물어져 버렸다. 할아버지와 할머니는 시골에 따로 사시거나 요양원에 계시는 분들이 많게 되었다. 전통이 무너지고, 종가에 사람이 사는 집이 줄어들고 있다. 이러한 현상은 우리가 잘 먹고, 잘 살기 위해 허겁지겁 달려오면서 소중한 것들을 소홀히 한 데서 받는 업보가 아닐까. 어디서 대안을 찾아야 할까. 과연 잃어버린 도덕성과 순수함을 되찾을 방법은 없는 것인가. 이러한 문제들을 진지하게 고민하고, 대안을 찾아야 하지 않을까. 대산종가의 인물들은 당대의 현실 문제를 깊이 있게 걱정하였고 나름대로 대안을 찾았으며, 문제 해결에 앞장서신 분들이었다.

세상은 예전에 비해서 물질적으로 풍요롭고 편리하게 변하였지만, 마음 한 구석이 늘 허전한 것은 언제 돌아가도 따듯하게 나를 감싸 안아 줄 곳이 없어져 버렸기 때문이다. 이런 그리움이 쉽게 채워질 수 없는 것은 필자만이 느끼는 외로움은 아닐 것이다. 오늘 우리가 진정 존경하고, 닮고 싶고, 무조건 따라가도 좋을 어른을 곁에 모시지 못하는 것은 불행한 일이다. 좀 더 솔직하게 표현하자면 그런 분을 찾기 힘들다는 것이 슬픈 현실이다. 사회나 국가에 어려운 일이 일어나면 먼저 나서서 해결책을 찾고, 후학들을 다독이면서 실천적인 모습으로 이끌어 가는 분이 없어진 세상이다. 이런 현실을 보면서 존경할 만한 어른에 대한 그리움이 더 깊어진다.

이 책을 쓰면서 많은 분의 도움을 받았다. 먼저 만날 때 마다 서슴없이 자료를 제공해 주시고 따듯한 다과를 내주시던 대산종가의 종손과 종부께 감사드린다. 이 책의 특징이 일일이 각주를 달 수 없기 때문에 인용을 하면서도 맨 뒤에 참고문헌으로 일괄 처리할 수밖에 없었다. 작년에 한국고전번역원에서 이정원 선생이 번역하여 간행된 『대산집』 7권과 김근호 · 김우동 · 박정희 · 신상목 · 정재구 · 정태연 선생들이 옮긴 『대산선생실기』 및 안동대학교 퇴계학연구소에서 발간한 '퇴계학자료총서' 가운데 안병걸 선생의 『면재집』 해제도 참고하였다. 2012년에 이욱 · 김미영 · 김시덕 · 권삼문 선생들이 지은 『조상제사 어떻게 지낼 것인가』도 참고하였다. 김경호 선생의 책 『동양적 사유는 어떻게 탄생했는가』에서도 많은 도움을 받았다. 2011년에 유교문화박물관에서 발간한 한산이씨 소호문중 기탁문중특별전 도록 『다시 유학의 의미를 묻다』에서도 도움을 받았다. 뿐만 아니라 김영 선생의 논문 「18세기 영남지방 문학 · 사상논쟁」도 많이 참고하였다.

끝으로 이 책의 발간을 주관하는 영남문화연구원의 정우락

교수님과 백운용 · 이상민 선생님을 비롯한 많은 분의 신세를 지면서 이 글을 썼다. 이 모든 분께 감사하다는 뜻을 전한다.

2013. 5
예안호에서 김순석

차례

제1장 대산종가의 안동 정착

한산이씨의 원래 세거지는 충청도 한산군으로 지금은 서천시에 속한다. 시조는 고려시대 그 지역에 세력 기반을 가지고 있던 호장 이윤경李允卿이었다. 그의 2세손 이자성李自成이 진사시에 합격함으로써 중앙관계에 진출하게 되었다. 자성의 아들 이곡李穀(1298~1351)은 과거에 급제하였고, 후일 원나라로 건너가서 그곳에서 또한 과거에 급제하여 이름을 떨쳤다. 이곡은 원나라에서 한림원검열翰林院檢閱과 중서사전부中瑞司典簿를 지냈다. 한림원은 왕명을 작성하고 외교문서를 관장하는 부서로 문장이 능하고 학식이 뛰어난 학자들이 임명되는 곳이었다. 그렇기 때문에 한림원을 옥당玉堂이라 부르기도 하며 그곳에 근무하는 관리들을 신선이 일하는 곳이라는 뜻으로 신선지직神仙之職이라고 부르기도 하였다.

고려가 원의 사위 나라인 부마국이 된 상황에서 이곡은 해마다 처녀들을 바쳤던 공녀의 폐지를 요구하였다. 뿐만 아니라 그는 고려에 대한 부당한 대우의 개선을 요구하는 등 백성들의 삶을 돌보는 정치에 힘을 기울였다. 이곡은 고려로 귀국한 이후 정2품 관직인 찬성사贊成事에 봉해졌다. 또 이곡은 우리에게 『죽부인전』이라는 가전체 소설로 잘 알려져 있다. 가전체 소설이란 동식물이나 또는 무생물을 사람인 것처럼 의인화해서 쓴 소설을 말한다. 『죽부인전』은 대나무로 만든 죽부인을 절개 높은 부인으로 평가함으로써 당시 음란하던 세태를 풍자한 소설이다.

이곡의 아들 이색李穡은 호가 목은牧隱이며 고려 말 대학자였다. 이색 또한 아버지처럼 원나라로 사신을 가서 그곳의 과거시험에 합격하고 벼슬을 지내다가 돌아왔다. 이색은 원나라의 주자학을 수용하여 리理 · 기氣, 태극과 같은 성리학의 핵심 개념을 사용하여 만물의 생성과 변화를 설명하였다. 그렇지만 그는 성리학에서 말하는 수양론과 달리 죽음과 인간적 고뇌와 같은 초인간적 · 종교적 문제는 여전히 불교에 의존하였다. 그는 부친의 상중喪中에 당시 고려의 문제점을 적시한 복중상소服中上疏를 올려 대안을 제시하기도 하였다. 1388년 위화도 회군이 일어나자 그는 최고의 관직인 문하시중에 임명되었다. 그러나 그는 온건개혁론자였으므로 정도전 · 조준과 같은 급진개혁론자들에게 배척되었다. 그 후 이성계 일파가 조선왕조를 개창하여 이색에게 협력을 요청하였으나 이를 거절하자 장단 · 함창 등지로 유배를 보냈다. 1396년(태조 5) 한산부원군으로 책봉되었으나 끝내 조선왕조에서 벼슬하기를 거절하였다. 이런 까닭으로 그는 정몽주 · 길재 등과 더불어 '여말삼은麗末三隱'으로 불린다.

한산이씨는 충청도 한산지역에 세거하였으나 출사하여 벼슬살이를 하면서 한양 낙선방에서 살았다. 한산이씨가 안동으로 낙향하게 된 배경은 이렇다. 대산 이상정李象靖의 고조부인 수은睡隱 홍조弘祚는 광해군이 자신의 계모인 인목대비를 폐모로 만든 현실을 지켜보고 낙향하기로 마음을 먹었다. 인목대비는 선조의 정비인 의인왕후 박씨가 소생이 없이 세상을 떠나자 선조의 계비가 되었다. 인목대비는 광해군보다 열 살 어렸고, 영창대군을 낳았다. 선조가 세상을 떠나고 뒤를 이어 즉위한 광해군은 인목대비의 친정아버지와 영창대군을 죽음으로 내몰고 계모인 인목대비를 폐모廢母시켰다. 이러한 모습을 지켜본 홍조는 외할아버지였던 서애西厓 류성룡柳成龍의 권유에 따라 낙향하기로 마음먹었다고 한다. 홍조는 류성룡의 아들인 수암修巖 류진柳袗에게 수학하였으며 맑은 덕과 단아한 기품으로 세상에 널리 알려졌다. 홍조는 1636년(인조 14) 43세 때 병자호란이 일어나 인조가 남한산성에 포위되었다는 소식을 듣고 의병장으로 추대되어 의병을 모집하였다. 그는 의병을 이끌고 남한산성으로 달려갔으나 이미 인조가 청군에게 항복하여 남한산성의 포위가 풀렸다는 이야기를 듣고 군사를 해산하고 안동으로 돌아왔다. 그 후 홍조는 주위의 천거로 자여도찰방自如道察訪과 의금부도사를 역임하였고, 회인현감을 지냈다. 회인현감으로 있을 때는 고을의 악습을 없애고 검소하고 청렴한 생활을 실천함으로써 백성들의 본보기가 되었다. 1656년(효종 7) 사포서별제司圃署別提에 제수되었으나 사양하고 부임하지 않았다.

이상정의 증조부인 효제孝濟는 성품이 고결하여 평생 벼슬길에 나아가지 않고 처사로 지냈다. 할아버지 석관碩觀은 주변의 천거로 문학사장이 되었으나 41세의 나이로 세상을 떠났다. 아

한산이씨 수은종택인 관가당(영남문화연구원 제공)

버지 태화泰和는 벼슬하지 않고 처사로 지냈으며, 모친은 재령이씨로 갈암葛庵 이현일李玄逸의 손녀였다. 이현일은 이조판서를 지냈으며, 세상을 평화롭게 다스리는 경세론에 관심이 많아 형인 휘일徽逸과 함께 홍범구주洪範九疇를 설명하는 『홍범연의洪範演義』를 지었다. 밀암密庵 이재李栽는 이현일의 셋째 아들로 가학을 계승하여 이황李滉의 주리설을 더욱 발전시키고 큰아버지와 부친이 편찬한 『홍범연의』를 교정하였다. 재령이씨는 17세에 태화공과 혼인하였는데 성품은 온화하고 부드러웠으며 매사에 법도가 있었다고 한다. 남녀가 만나서 결혼을 하게 되면 새로운 세상이 열린다. 새로운 보금자리가 마련되고, 그곳에서 새 생명이 태어나며, 그 새 생명은 부모의 감화를 받아 또 다른 독자적인 세상을 열어가는 것이 우주의 법칙이다. 한산이씨는 수은 홍조 때부터 안동에 정착하였으며, 수은의 증손 태화는 그곳에서 새 삶을 시작하였다.

충청도 서천 지방에 살았던 한산이씨는 중앙에서 관직을 받은 인재가 많이 배출되어 한양으로 자리를 옮긴다. 수은 홍조가, 정치가 혼탁하고 세상이 시끄러워지자 화를 피하기 위해 내려와 처음 자리를 잡은 곳이 청송 진보였다고 한다. 후에 일직현 소호리蘇湖里(현재 지명은 망호리)에 정착하게 된 데는 이런 일화가 전해온다. 수은은 낙향하기 전에 외조부인 류성룡을 만나 여러 차례 상의를 하였다고 한다. 그러던 어느 추운 겨울날 수은은 길을 가다가 쓰러져 있는 승려 한 사람을 발견하고 집으로 옮겨 극진히 간호하여 병을 고쳐 주었다고 한다.

병구완을 받은 승려는 "빈도의 목숨을 구해 주신 은혜를 어떻게 갚아야 할지 모르겠습니다"라고 하였다. 승려의 말을 들은 수은은 "원 별말씀을 다 하십니다. 그만하기 천만다행입니다"라고 하였다. 승려는 수은에게 "소승은 가진 것도 없고 재주도 없지만 풍수를 조금 볼 줄 아니 댁의 묘 터를 한번 보아 드리겠습니다"라고 하였다. 수은은 "아직 몸도 불편하신데 그러실 것 없습니다"라고 하면서 극구 사양하였다. 그러자 승려는 "터라는 것은 원래 임자가 따로 있는 법입니다. 제가 보아 드린다고 해서 꼭 이 집터가 된다는 보장은 없습니다만 집안의 기운을 보니 머지않아 큰 인물이 나올 듯합니다"라고 하면서 앞서서 걷기 시작하였다. 사정이 이렇게 되자 수은은 더 사양을 못하고 따라 나섰다. 수은은 승려가 보아 준 묘 터를 자식들에게 알려 주었는데 지금의 안동 남산이라고 한다. 뒷날 수은이 사망하자 맏아들 태화와 자식들은 승려가 보아 준 그 자리에 수은의 묘를 정하였다고 한다. 그 후 대산종택은 안동부 일직현 소호리로 이사를 하게 되는데 거기에는 또 다음과 같은 이야기가 전해 온다.

한산이씨가 현재 종가 터에 집을 세우게 된 것은 수은의 손자 석관 때 일이다. 석관은 어느 날 밤 꿈을 꾸었는데 백발이 성성한 노인이 나타나서 "내일 모처를 가게 되면 못을 메우고 집을 짓는 곳이 있을 것이다. 아마 그 집은 지어지지 않을 것이니, 네가 그것을 사서 그 연못을 메우고 집을 짓거라"라고 하고는 홀연히 사라졌다고 한다. 석관은 꿈이라도 너무나 생생한지라 다음날 아침 의관을 차려입고 길을 나섰다. 한참을 가다 보니 아니나 다를까 꿈속에서 본 집을 짓는 곳을 발견하였다. 가까이 가 보니 모두들 난감해하고 있었다. 그 까닭을 물으니 대들보를 올려 상량을 할 수가 없다는 것이었다. 벌써 몇 번이나 시도를 했지만 번번이 대들보가 올라가지 않는다고 하였다. 석관은 주인을 찾았다. "이 집을 내게 파실 생각이 없소"라고 하자, 주인이 말하기를

일직면 망호리에 있는 대산종택(영남문화연구원 제공)

"대들보를 올릴 수가 없으니 내 집이 아닌 듯싶소. 그렇다면 팔아야지요"라고 하였다. 석관이 주인에게 집값을 셈하여 치르고 못을 메우고 날을 잡아서 대들보를 올리니 상량이 되었다고 한다. 종택은 원래 50여 칸이 되는 큰 집이었으나 대산의 8대손 용원龍遠이 결혼한 후 3~4년 뒤에 절반 정도의 크기로 줄였다고 한다.

소호리의 지세는 뒤로 대석산이 둘러 있고 앞으로 넓은 들판이 펼쳐져 있다. 그 남쪽으로 멀리 황학산에서 발원된 미천米川이 마을 앞을 굽이져 흐른다. 풍수지리에서 말하는 좋은 땅이란 바람을 감추고 물을 얻을 수 있는 이른바 장풍득수藏風得水의 형국을 말하는데, 대산종택은 바로 그런 곳이다. 17세기 초 서애 류성룡의 제자인 권기權紀가 편찬한 『영가지永嘉誌』에 의하면 일직현 소호리는 이렇게 묘사되어 있다.

> 일직현 동쪽 8리는 산과 물이 서로 안고 휘감아 흡사 거북과 뱀이 모인 형상이어서 귀미龜尾라고 일컫는다. 귀미에는 내귀미촌, 안망촌, 소호촌, 성남촌, 노애촌, 귀천촌 등이 있다. 예부터 세족대가世族大家가 많았으며, 그 형승이 고을에서 제일이라고 하였다.

『영가지』에 표현된 것처럼 소호리에는 예부터 명문세족들이 터를 잡고 살았다. 고려시대에는 정4품 시랑 벼슬을 지낸 소씨가 살았다고 한다. 그 후 조선 중기 때 함재涵齋 서해徐嶰가 별당인 소호헌蘇湖軒을 짓고 산 곳이다. 보물 제475호인 소호헌은 원래 임청각을 지은 이명李蓂이 그의 아들 이고李股에게 지어 준 집이라고 한다. 임청각은 고성이씨 종택으로 1925년 상해임시정부의 초대 국무령을 지낸 석주石洲 이상룡李相龍의 생가이기도 하다. 이고는 아들이 없었고 외동딸이 있었는데 사위가 서해였다. 좋은 땅에서 훌륭한 인재가 나온다고 했던가. 이곳에서 서해의 아들 약봉藥峰 서성徐渻이 태어났다. 서성은 1586년(선조 19)에 대과에 급제하여 경상, 강원, 황해, 평안, 함경, 경기 등 6도의 관찰사와 도승지, 대사헌, 형조판서, 개성유수, 병조판서를 역임하였다. 이후 그는 지중추부사 겸 도총관지의금부사 등을 역임하였다. 약봉 서성은 세상을 떠난 후에 영의정으로 추증되었고 충숙忠肅이라는 시호가 내려졌다. 그 집안은 이후 6대에 걸쳐 3대 정승과 3대 대제학을 배출하여 명문의 반열에 서게 되었다. 지명과 전설로 미루어 보아 소호리에는 호수가 있었을 것이나 지금 그 위치를 정확하게 가늠하기는 어렵다. 소호헌 길 건너편에 대산종택이 있다.

대산종택은 길안 · 청송 · 영덕 등 동쪽지방에서 한양으로 가는 큰길 옆에 위치한지라 오고 가는 사람들이 많은 곳이었다. 뿐만 아니라 인근의 군위 · 의성 등지에서 인근 장터를 가던 사람들은 대산종택 앞을 지나가지 않을 수 없었다. 지나가는 길손과 장꾼들은 대산종가에 들러 요기를 하거나 접대를 받고 갔다. 대산종가의 사람들은 오고 가는 길손들에게 늘 따듯한 음식과 잠자리를 제공하였다.

세상에 우연한 일은 없다. 우연한 것처럼 보이지만 그 우연 속에는 반드시 그렇게 될 수밖에 없는 필연적인 원인이 존재한다. 다만 그 원인이 겉으로 드러나지 않기 때문에 우연인 것처럼 보일 뿐이다. 세상의 이치는 주는 만큼 되받는다고 보면 된다. 그 되갚음은 갚는 쪽에서 정하는 것이기 때문에 깊이와 양을 가늠하기 어렵다. 정말 어려울 때 그 위기를 벗어나게 해 준 사람에게 느끼는 고마움은 각별하다. 도와준 사람과 도움을 받은 사람은 입장이 다를 수 있다. 도움을 준 사람이 자신도 정말 어려운 상황에서 위험을 감수하면서 선을 베풀었고 이 사실을 도움을 받은 사람이 알게 되었다면 그 되갚음은 상상을 초월할 수도 있다. 세상이 움직이는 이치를 우리가 다 알 수는 없다고 하더라도 나름대로의 보이지 않는 질서가 있다.

한양에 살다가 안동부 일직현에 정착한 한산이씨 문중은 많은 인물들을 배출하였다. 대표적인 인물로는 상정과 그의 아들 완琬, 현손인 돈우敦禹 등 문과급제자들과 상정의 동생 광정光靖과 조카 우㙐, 손자인 병운秉運, 병원秉遠 등을 들 수 있다.

이 문중에서 이처럼 많은 인물들이 배출된 데에는 그만한 보

한산이씨 족보. 펼쳐진 곳은 이홍조의 묘산도임(한국국학진흥원 소장)

이지 않는, 우리가 알 수 없는 원인이 있을 것이다. 그것은 아마도 이 집안의 선대가 많은 선행을 베풀었기 때문이 아닐까?

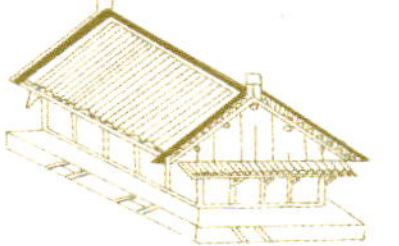

제2장 청빈과 지조를 지키며 살아온 대산종가의 인물들

1. 이상정의 학문과 삶

1) 가학의 계승과 관직생활

이상정은 1711년(숙종 37) 안동부 일직현 소호리에서 부친 태화泰和와 모친 재령이씨 사이의 셋째 아들로 태어났다. 그의 자字는 경문景文이며, 호號는 대산大山이다. 그는 외할아버지인 밀암密庵 이재李栽에게 수학하였다. 이재는 퇴계退溪 이황李滉의 학맥을 계승한 영남의 선비였다. 퇴계학맥은 학봉 김성일金誠一에게 전해졌고, 김성일의 학문은 경당 장흥효張興孝에게 이어졌으며, 장흥효의 학맥은 외손자인 갈암葛庵 이현일李玄逸에게 전해졌다. 이재는 이현일의 아들로 퇴계학맥을 계승하였다. 이재는 성격이 엄격하여 제자들을 엄하게 가르쳤다고 한다. 공부를 배우는 어린 학동들에게 사람으로서의 올바른 처신을 강조하였고 작은 과실도 용서치 않았다. 이렇게 엄격한 그도 밤낮으로 공부에 열중하는 외손자인 이상정에게는 관대하였다고 한다.

이재는 부친이 이조판서를 지낸 까닭에 자신은 평생 동안 벼슬길에 나가지 않았다. 왜냐하면 그는 부친이 관직에 있을 때 집으로 찾아오는 손님들을 접대하고, 집안의 대소사를 처리하여야 했기 때문이었다. 이현일은 1694년(숙종 20)에 발생한 갑술환국으로 서인이 집권하자 남인 조사기趙嗣基를 변호하다가 함경도 종성부로 유배되었다. 부친의 유배 기간 동안 이재는 아버지를 수행하면서 뒷바라지를 하였다. 숙종 때 일어난 갑술환국은 남인인 민암閔黯·이의징李義徵 등이 폐비 민씨의 복위를 도모하던 소론의 김춘택金春澤·한중혁韓重爀 등을 제거하려다 실패하여 화를 당한 사건이다. 갑술환국으로 남인이 몰락하고 소론계가 집권하게 되었고, 정계는 노론과 소론의 양립 국면으로 바뀌게 된다.

이재는 만년에 그의 학덕을 높이 평가한 소론계 인사들이 장악원주부로 천거하였으나 끝내 관직에 나가지 않았다. 조선시대에 관리가 되는 길은 과거에 합격하여 벼슬길에 나가는 것이 가장 일반적인 방법이었다. 그 외에도 음서라는 제도가 있었다. 음서는 공신 또는 2품 이상의 고위 관직을 지낸 자와 2품 이하라도 일부 청요직으로 간주된 관직을 지낸 사람의 자손들에게 벼슬을 주는 것을 말한다. 또 다른 길은 재야에서 학식과 덕망이 높은 인재를 천거하게 되면 조정에서 등용하는 제도가 있었는데 이를 유일遺逸이라고 한다. 이재는 유일로 천거가 되었지만 끝내 벼슬을 사양하고 처사로서 일생을 마쳤다.

이상정은 5세 때 『천자문千字文』을 배웠고, 7세에는 『십구사十九史』를 읽었다. 12세 때는 『사자서四字書』를 익혔다. 이상정은 14세가 되어서 외할아버지인 밀암 이재에게 학문을 배웠다. 이상정은 동생 광정과 함께 금양錦陽(현 안동시 임하면 금소리)에 있는 외가를 찾아서 4~5개월씩 머물면서 외할아버지에게서 공부를 배웠다고 한다. 이상정의 외가는 원래 영해에 있었지만 외증조부 되는 이현일이 만년에 본가를 영해에 두고 금양으로 자리를 옮겨 살았다고 한다. 20세 때 외조부이자 스승인 이재의 상을 당하였다. 이재의 사망으로 스승을 잃은 이상정은 이후 따로 스승을 정하지 않고 경서를 위주로 공부에 몰두하였다. 이상정은 젊어서 공부에 열중하여 오랫동안 병을 앓아 초췌하여 몸을 보전하기가 어려웠다. 이후 그는 활력을 기르는 데 힘을 쏟았다. 중년에 이르러 한가롭게 집안에서 기거하면서 경敬과 의義를 지키기에 정성을 다하였다. 그리하여 그동안 공부해 온 것이 무르익어 위엄이 있고 준엄하였던 것은 화평해지고, 신중하고 엄숙하였던 것은 자연스러워지는 경지에 이르렀다. 자랑 · 인색 · 원망 · 욕심은 녹아 없어졌고, 사적인 뜻을 꼭 이루려는 마음과 이기심이 사라졌다. 그의 학문은 평이하고 명백하였으나 남들이 알 수 없는 오묘함이 있었고, 비록 양보하고 물러나 겸손하게 따랐으나 남들이 쉽게 범접할 수 없는 기상이 있었다. 이상정의 학문은 『대산실기』에 이렇게 나타나 있다.

> 내가 터득한 것은 매우 간결하다. 다만 한두 구절이 있을 뿐이다. 밤낮으로 여기에 대해 마음을 써서 깊이 생각하였다. 예컨대 마음은 잡으면 보존된다, 잃어버린 마음을 찾는다, 경계하고 삼가 두려워하고 또 두려워한다는 것과 같은 것이 모두 이러한 말이다. 오륜과 모든 행실에 분산적으로 마음을 쓴다면 그것도 요약이 아니다. 단지 경敬이라는 한 글자를 지키기만 하면 잘못되지 않게 될 것이다. 공부는 매우 간단한 것이니 배우는 사람은 반드시 이것을 하나의 표준으로 삼아 진정으로 공부해야 할 것이다. 요즈음 사람들이 옛사람에 미치지 못하는 까닭이 바로 여기에 있다.

이상정은 퇴계가 평생 삶의 지표로 삼아 왔던 경敬을 실천하는 데 온 힘을 기울였다. 그리고 『주자서절요朱子書節要』를 평생 곁에 두고 읽으면서 실천하려고 노력하였다. 『주자서절요』는 퇴계가 주자의 저작집인 『주자대전朱子大全』 가운데 중요하다고 생각되는 부분만을 엄선하여 20권 10책으로 편집한 것이다. 퇴계

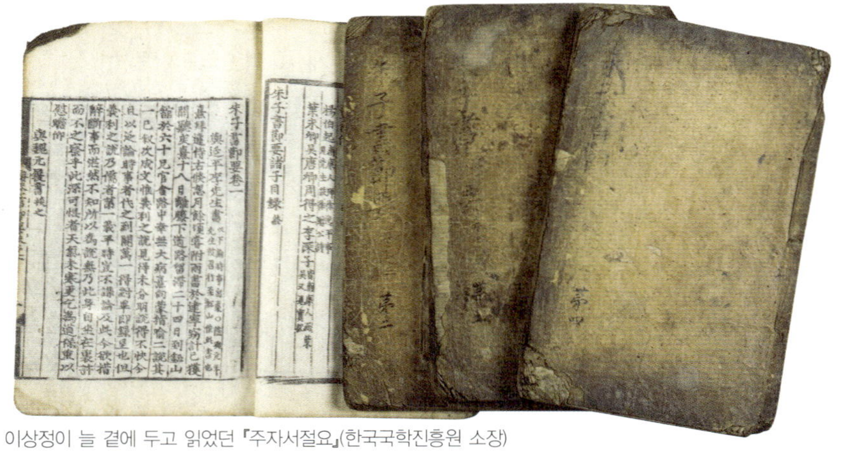

이상정이 늘 곁에 두고 읽었던 『주자서절요』(한국국학진흥원 소장)

가 『주자대전』에서 주목한 것은 주자가 주고받은 서간문들이었다. 이 서간문에는 주자가 사우師友들과 나눈 학문적 교류 및 국가와 시대에 대한 고민 등이 폭넓게 담겨 있었다. 퇴계는 이 서간문들을 주자학을 학습하는 입문서라고 보았다.

이상정은 공부를 할 때 먼저 근본을 세우고 그 뒤에 지식을 습득하여야 한다고 하였다. 그러기 위해서 그는 먼저 사서삼경과 같은 경전을 읽어 인간됨과 치국의 근본이 되는 요체들을 파악해야 한다고 하였다. 그러고 나서 역사서를 읽음으로써 역사적 사실의 원인과 결과를 판단할 수 있게 되고, 인물에 대한 평가를 내릴 수 있다고 하였다. 경서 가운데서도 『대학』과 『논어』를 먼저 읽을 것을 권하였다. 그는 학문하는 방법에 대하여 이렇게 말하였다.

> 학문하는 방법은 마음을 보존하는 것을 근본으로 삼아야 한다. 근본이 선 뒤에라야 곧 조리가 시원스레 통할 수 있기 때문이다. 그러나 마음은 흔적이 없고 일은 근거할 것이 있으니 아득하고 망망한 지경에서 꼿꼿하게 앉아 힘을 허비하기보다는 차라리 명백하고 알기 쉬운 곳에다 노력을 기울이는 편이 낫다.

이상정은 학문을 하는 궁극적인 목적을 마음을 다스리는 것에 두었다. 세상 모든 일은 마음먹기에 따라 희비가 엇갈린다. 하지만 마음을 잘 먹는 일은 쉽지 않다. 왜냐하면 마음은 보이지도 않고, 잡을 수도 없으며, 들고 나는 것에 일정한 때가 없기 때문이다. 마음을 어떻게 먹느냐에 따라 세상의 모든 길흉화복이 결정된다. 그런 까닭에 예부터 선현들은 마음 다스리는 방법을 이야기하고 실천하고자 하였다. 그렇지만 마음 다스리는 일에 통달하기란 결코 쉽지 않다. 사람에게 몸이 있으면 그 몸을 움직이는 도리도 있는 것이다. 그 도리란 본래 나에게 갖추어진 것이니 밖에서 구해서 얻어지는 것이 아니다. 마음을 다스리는 법이란 지극히 평범하여 그 사물의 본성을 충실하게 따르는 데 지나지 않는 것이다. 본래 나에게 갖추어진 것이란 바로 마음을 슬기롭게 다스리는 것이다. 이처럼 이상정은 마음 다스리는 일은 학문하는 방법과 직결된다고 보았다. 이상정은 진리를 인식하는 데 있어 다음과 같은 견해를 피력하였다.

> 도는 참으로 무궁무진하여 어떤 장소나 형체에 얽매이지 않으니 사람이 도에 이르는 데는 저절로 방법과 단계가 있고 조리와 차례가 있으니, 다만 분수를 따르고 차례를 지켜서 끊어버리거나 놓아버리지 않아야 할 뿐이다.…… 비록 공자와 같은 성인일지라도 공부하느라 늙는 줄도 몰랐으니, 맹자의 뜻은 오히려 결과를 미리 기약하지 않으면서 억지로 조장하지도 않으려 하였다. 이것이 바로 종신토록 해야 할 사업이고 영원한 공부이다. 머리를 숙이고 부지런히 힘쓸 뿐 그 결과가 빠를지 늦을지는 버려두어야 한다. 만약 지름길을 좋아하고 빨리 이루려는 마음으로 일취월장日就月將하는 효과를 바란다면 뜻이 시들해지고 기운이 피곤하게 되어 빨리 뒤로 물러나는 근심이 또한 반드시 닥칠 형세가 있을 것이다.

이상정은 공부하는 데 있어 중요한 것은 오직 성실하게 조금씩 나아갈 뿐이지, 서두른다고 해서 생각만큼 성취가 빨라지는 것은 아니라고 하였다. 학문은 지름길이 있어 질러갈 수도 없거니와, 그렇게 한다면 쉽게 피로함을 느낄 수 있다. 매일 부지런히 노력하다 보면 저절로 쌓이게 되고, 마음의 수양 또한 성숙되는 것이다. 옛 선인들은 공부하는 것을 비유하여 "배를 타고 강물을 거슬러 올라가는 것과 같다"라고 하였다. 힘써 노를 저어 앞으로 나아가지 않으면 저절로 뒤로 물러나게 되는 것이다. 학문을 하는 데는 겸손한 자세가 필요하다. 진리는 그렇게 쉽사리 터득할 수 있는 것이 아니다. 설사 진리를 터득하였다고 하더라도 그것을 많은 사람들에게 전달하는 방법은 지극히 평범하고 겸손하지 않으면 안 된다.

이상정은 부지런히 학문을 익히고, 늘 겸손하게 살고자 하였다. 그의 인간관과 우주관은 『대산실기』의 다음과 같은 구절에서 엿볼 수 있다.

> 사람은 작은 하늘이다. 천지에 가득 찬 것(氣)은 나의 몸이 되고 천지의 통솔자(理)는 나의 성性이 된 것이다. 천지 가운데 서서 천지의 운행에 참여하니 천지인天地人 삼재三才가 된다. 천지는 마음이 없지만 마름질하여 이루는 것은 사람이고, 천지는 말이 없는데 돕는 것은 사람이다. 사람은 천지가 부여한 이치를 온전히 하고, 천지조화의 권능을 돕는 것은 사람이다. 사람은 천지가 부여한 이치를 온전히 하고 천지조화의 권능을 돕는 것이니, 나는 하나의 몸뚱이가 있는 하늘이 된다. 나에게 이와 같은 큰 기량技倆이 있으니 어찌 스스로 작다고 할 수 있

1845년 이상정의 외증손 정재 류치명이 편찬한 『대산선생실기』(한국국학진흥원 소장)

겠는가? 한 번이라도 사사로운 마음이 끼이면 천지와 끊어지고 틈이 생기는 것이 마치 물고기가 물을 떠나 살 수 없는 이치가 저절로 끊어지는 것과 같다.

이상정은 '사람에게 하늘의 모든 요소가 갖추어져 있다' 고 보았다. 사람의 작은 몸에 천지의 요소가 모두 구비되어 있다. 마음을 잘 보존하면 모든 이치를 통하게 되고, 마음을 잘 보존하지 못하면 모든 이치가 막히게 된다. 그런 까닭에 맹자는 "학문의 도는 다른 것이 없고, 잃어버린 마음을 구하는 것이다" 라고 하였다. 맹자는 사람들이 집에서 기르던 닭이나 개가 도망가면 찾을 줄 알지만 마음을 잃고서는 찾을 줄 모르는 것을 안타까워하였다. 이상정 또한 맹자처럼 학문의 길은 마음을 단속하는 것이라고 보았다.

이상정은 세상에서 일어나는 많은 일 가운데 나와 관련된 것은 그 원인이 나에게 있다고 생각하였고, 남을 탓하려 하지 않았다. 왜냐하면 나를 되돌아보는 것은 내가 쉽게 할 수 있는 일이다. 세상 사람들은 남의 잘못에 대해서는 분명하게 시비를 가리려 하지만 자신의 실수에 대해서는 자못 관대하다. 그래서 문제가 발생하면 일단 목소리를 높여 상대의 잘못을 지적하고 사과를 요구한다. 상대 또한 자신을 돌아보기보다는 큰소리로 맞대응을 한다. 급기야 상황은 악화되고 돌이킬 수 없는 사태를 맞기도 한다. 곰곰이 생각해 보면 자신을 돌아보는 일은 내가 쉽게 할 수 있는 일이지만 상대의 사과를 받아내는 일은 내가 할 수 없는 영역에 속한다. 내가 먼저 사과하고 용서를 구한다면 상대의 태도도 달라질 것이다. 그럼에도 불구하고 사람들은 쉽게 할 수 있는 일보다도 어려운 길을 택한다. 이상정은 이런 점을 경계하고 늘 자신을 먼저 반성하였다.

가령 어떤 사람이 이상정에게 선배의 학문에 대하여 묻는다면 다음과 같이 답하였다. "이쪽이냐, 저쪽이냐를 묻지 말고 다만 심법이 어떠한가를 보아야 한다." 논설論說의 동이同異를 묻는 사람이 있으면 오직 "같고 다름을 묻지 말고 다만 의리義理가 어떠한지를 보아야 한다"라고 하였다. 사람을 가르칠 때는 기량을 가늠하여 그릇에 맞게 하였으며, 하나의 설만이 아니고 여러 가지 설을 모두 가르쳐 주었다. 마음을 보존하는 것을 위주로 하는 사람에게는 "의관과 용모에 힘을 기울이면 마음은 저절로 보존된다"라고 하였다. 지키는 것에 힘을 쓰는 사람에게는 "외면을 제어하는 것은 마음을 기르기 위한 것이지만 내면도 살피지 않을 수 없다"라고 하였다. 학문하는 사람은 몸과 마음이 함께 조화를 이루어야 한다는 것이 그의 지론이었다.

이상정은 한가하게 지낼 때라도 항상 자세를 흩트리지 않았으며, 삼가고 공경하는 듯한 자세로 처신하였다. 많은 사람들이 모인 자리에서도 자연스럽게 행동하였으며 항상 온화하고 편안한 모습을 보였다. 남을 대할 때는 눈을 들어 곧바로 시선을 닿게 한 적이 없었고, 사물을 볼 때는 곁눈질하는 법이 없었다. 유익한 말과 의론은 묵묵히 되새기고 기억하여 흔쾌히 수용하였다. 비록 평범하고 속된 말일지라도 깊은 뜻이 있으면 반복해서 그 의미를 되새겨 보았다. 남의 선하지 못한 점을 들추어내서 흉을 보는 자리에서는 마치 듣지 않은 것처럼 하였다. 말을 하고 침묵하는 데 절도가 있어 말을 하지 않아도 되는 자리면 얼굴빛을 바르게 하고 앉았다. 말을 해야 하는 자리에서는 메아리가 울릴 정도로 분명한 목소리로 말을 주고받았다. 노비를 부릴 때에도 도리가 있었고, 낯빛과 말을 거짓되게 하지 않아 은혜와 믿음을 주었다. 곁에 두고 날마다 부리는 사람도 지나치게 가까이하여 해이한 모습을 보이지 않았다. 또한 근심하고 원망하며 남을 탓하는 모습을 보이지 않았다. 일가친척과 여러 숙부와 형들에게는 비록 나이가 비슷하더라도 안부를 여쭐 때는 반드시 자리에서 일어나 자리를 옮겨 예를 표하였다. 기쁘고 경사스러운 일이 있으면 반드시 집안의 어른께 먼저 축하를 드렸다. 걱정거리가 생기면 두루 생각하여 풀리게 하였다. 늘 성의가 부족할까 염려하였고, 쌓은 것을 다 드러내려고 힘썼으나 말로 미칠 수 있는 것이 아니라고 생각하였다.

이상정은 집안이 어려워서 천한 일을 꺼리지 않았다. 채마밭 김매기 · 추수 단속하기 · 새끼 꼬기 · 자리 짜기와 같은 일들을 몸소 실천하였다. 그러면서도 경전을 외우고, 책 읽기를 병행하여 그만두지 않았다. 그는 세상을 떠날 때까지 자제들에게 생일잔치를 열지 못하게 하였다. 생일을 맞아 비록 국 한 그릇 혹 나물 한 접시라도 평상시와 다르면 안색을 바꾸며 즐거워하지 않았다고 한다. 음식을 먹는 절도는 형편을 살폈다. 거친 음식조차도 거를 때가 있었지만 그래도 편안하게 여겼다. 여러 가지 음식이 갖추어졌어도 편안하게 여기지 않았다. 담박하고 거친 것에 익숙하였으나 달고 연한 것을 결코 먹지 않아야 된다고 생각하지는 않았다. 어려움과 가난에 편안하고자 하였으나 풍족하게 살아서는 안 된다고 생각하지도 않았다. 다만 형편이 있고 없음에

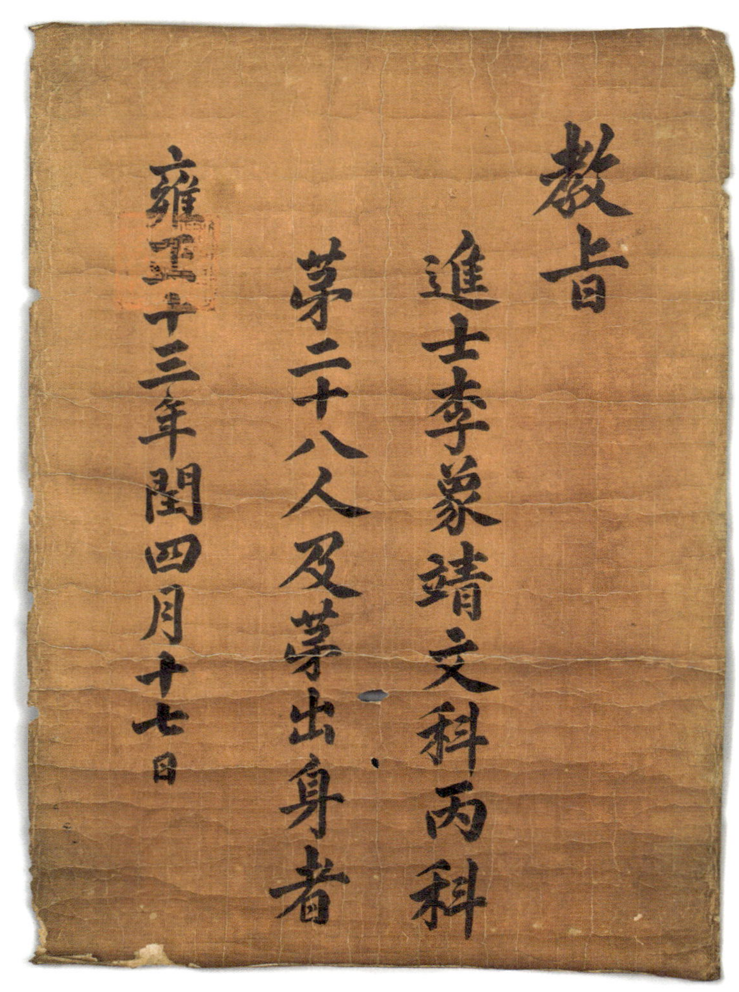
教旨
進士李象靖文科丙科
第二十八人及第出身者
雍正十三年閏四月十七日

이상정 문과급제 홍패(한국국학진흥원 소장)

집안 어른들이 이상정에게 집안 자제들의 교육을 부탁하기 위해 지은 대산서당 현판(한국국학진흥원 소장)

따라 어떻게 쓸 것인가를 살폈다.

1735년(영조 11) 3월 이상정은 과거시험에 응시하여 초시에 합격하고 4월에 진사 복시에 합격하였다. 이어 윤사월에 증광시 병과에 합격하였다. 다음 해 3월 이상정은 승문원의 권지승문원부정자權知承文院副正字라는 벼슬을 받아서 관직에 나갔다. 승문원은 조선시대 외교문서를 관장하던 곳이다. 4월에 가주서라는 벼슬을 받아 궁궐 내에서 근무하였으나 얼마 지나지 않아 사직을 청하고 고향으로 돌아왔다. 12월에 승문원으로부터 빨리 돌아오라는 연락을 받고 영천까지 갔다가 병으로 돌아왔다.

1736년 3월 이상정이 과거에 합격하여 중앙관계에서 벼슬을 하게 되자 집안 어른들이 서당을 지어 집안 자제들의 교육을 부탁하였다. 그는 집안 어른들이 지어 준 서당의 이름을 대산서당이라고 하고 이곳에서 후학들을 지도하였다. 대산서당이라고 이름을 지은 것은 뒷산의 이름 대석산에서 취했으며 그의 호 또한 여기에서 취하였다고 한다.

1737년 10월에 이상정은 구금을 당하게 되는데 그 사연은 이러하다. 조정에서 이상정에게 국왕이 참석하는 전강에 참석하라는 통고를 보냈는데 불참하였기 때문이었다. 11월에 구금에서 풀려나자 고향으로 돌아왔다. 이듬해 7월에 연원찰방에 제수되어 9월에 부임하였다. 찰방은 역참에서 말을 관리하는 관직이었다. 조선시대 말을 관리하는 역참에서는 폐단과 부정이 많았다. 당시 교통과 통신의 거점이었던 역참은 도로를 정비하고 역마와 역민을 배치하여 그들을 관리하게 하였다. 역참에서 말과 인부 음식을 조달하는 과정에는 많은 부정과 비리가 있었다. 더구나 역참에는 천민들이 많이 배속되었고 관리들의 봉급이 박하였기 때문에 부정이 심하였다. 이상정은 이러한 비리의 실상을 상사에게 보고하였다. 이러한 현상을 바로잡기 위해 자신의 봉급을 어려운 백성들에게 나누어 주었다. 이상정이 이런 일을 한 지 몇 개월 지나지 않아 역참의 병졸들은 크게 생기를 띠었다고 한다.

이상정이 연원찰방을 지낼 때 모친 재령이씨가 집에 있으면서 부지런히 베를 짜서 메마른 밭 몇 이랑을 샀다고 한다. 이상정이 그것을 알고는 "내가 관직에 있을 때 집에 있는 사람이 밭을 사면 이런 것은 혐의가 되니 피하지 않을 수 없다. 일찍 알지 못한 것이 한스럽구나"라고 하였다고 한다. 그가 벼슬을 마치고 돌아올 때 관청의 창고는 가득 찼으나, 그는 하나도 취한 것이 없어 행장이 호젓하고 쓸쓸하였다고 한다.

1738년 12월에 휴가를 받아 고향으로 돌아가면서 다시 사직서를 제출하였으나 허락되지 않았다. 29세가 되던 해 1739년 사직하는 상소를 올렸지만 허락되지 않자 4월에는 벼슬을 버리고 단양을 거쳐 구담을 방문하고 도담의 상선암 등 여러 명승지를 돌아보면서 고향으로 내려갔다.

이상정은 17세에 장수황씨와 혼인하여 나이 서른에 아들 완을 낳았고 이후에는 자식을 얻지 못하였다. 37세 되던 1747년 5월에 성균관전적에 제수되었고 9월에는 예조좌랑에 임명되었다. 곧 병조좌랑의 직책이 주어졌지만 10월에 휴가를 청하여 고향으로 돌아왔다. 1748년 3월에 부친의 병세가 심상치 않자 여러 곳을 다니며 학문을 토론하던 것을 멈추고 성심으로 병을 간호하는 데 힘을 다하였다. 밤낮으로 옷을 벗지 않고 곁에서 시중을 들면서 직접 약을 달여 맛을 본 후에 드시게 하였다. 부친상을 당하여서는 정성을 다하였고 장례를 치르기 전까지 머리에 두르는 띠와 허리에 묶은 삼베 띠를 풀지 않았으며 3년간 문밖출입을 하지 않았다고 한다.

1753년 이상정은 연일현감으로 부임하여 민생 현장을 살피는 데 힘썼다. 그 무렵 연일지역은 오랜 기간 가뭄 때문에 인심이 흉흉하였다. 이상정은 백성들의 생활을 걱정하여 잠을 못 이룰 지경이었다. 그는 자주 기우제를 지내고 밤낮으로 민생을 돌보았다. 그는 직접 아전들을 데리고 하천을 준설하고 물길을 여는 작업 현장을 살피기도 하고, 마을의 나이든 노인들을 찾아 위로하기도 하였다. 한번은 당시 경주부윤과 인근 지방 수령들 몇몇이 배를 띄워 유람하다가 연일현의 경계에 이르렀다. 이상정은 백성들의 논밭이 타들어가는 현실을 보고도 뱃놀이에 나선 이들과 마주하고 싶지 않았다. 그런 까닭에 이들을 못 본 체하고 접대하지 않았다.

연일은 시골의 궁벽한 바닷가 마을이었기 때문에, 사람들이 거칠고 아이들을 서당에 보내 글공부를 시키는 집도 적었다. 이상정은 지역의 청소년을 교화시키고, 예의와 염치를 깨우치게 하여 소송이 줄어들게 하였다. 이상정은 백성들이 흉년에 기근으로 고생하는 것을 보고 안타까워하던 차에 지역민들이 소금을 구워 판다면 활로를 찾을 수 있을 것이라고 하였다. 그렇지만 소금을 구워 파는 일은 선뜻 단행하기는 어려운 일이었다. 왜냐하면 소금은 국가의 전매품이었기 때문이다. 그는 고민 끝에 "사람을 살리는 것은 하늘의 뜻이다. 세상에 인명보다 귀한 것이 어디 있겠는가"라고 생각하였다. 생각이 여기에 미친 그는 지역민들에게 소금을 굽는 것을 허락하였다. 그의 이러한 생각은 연일 백성들에게 선정이 되어 많은 사람들이 기근을 면할 수 있게 하였다. 하지만 세상에는 남의 선행을 시기하는 사람이 있게 마련이다.

이상정의 이런 모습을 지켜본 주변 사람 가운데 누군가가 소금 굽는 것을 허락한 것은 해금법을 위반하는 것이니 처벌해야 한다는 장계를 올렸다. 결국 이상정은 고신을 빼앗기고 구금되고 말았다. 그러나 지역 백성들은 이상정의 그러한 행위는 백성을 지극히 사랑하는 마음에서 나온 것이었다는 탄원서를 올렸다.

관직생활이라는 것은 상하관계에 얽매이지 않을 수 없다. 국사를 집행하는 일에 있어서야 당연한 일이지만 세상살이라는 것이 공식적인 일만으로 이루어지는 것은 아니질 않는가. 이상정은 벼슬에 대한 관심이 적었다. 1735년 25세의 젊은 나이에 대과에 합격하여 이듬해부터 관직에 나갔다. 그가 역임한 관직은 권지승문원부정자 · 승정원가주서 · 연원찰방 · 휘릉별검 · 성균관전적 · 예조좌랑 · 병조좌랑 · 연일현감 등이었다. 이상정은 자신에게 내려진 관직에 자주 사직서를 제출하거나 부임을 하였더라도 임기를 채우지 못하였다. 그러나 일단 관직에 나가면 민생을 살피는 데는 최선을 다하였다. 이처럼 이상정은 관직에 나가는 것을 그리 달갑게 생각하지 않았다. 실제로 그가 관직에 있었던 기간은 6~7년에 불과하였다. 왜냐하면 그 당시 중앙관계에서 요직을 차지한 사람들은 모두 노론들이었기 때문이다. 이상정은, 자질은 뛰어났지만 영남 남인의 종장이었던 갈암 이현일의 외증손이었기 때문에 관직생활에서 적지 않은 불이익을 받기도 하였을 것이다. 그는 이 같은 시대적인 한계를 알고 있었기 때문에 고향으로 돌아가 퇴계처럼 학문에 침잠하고 후진 양성에 주력하고 싶었다. 벼슬을 사직하기 위해 올린 열 차례의 사직상소에서 그러한 정황의 행간을 읽을 수 있다.

이상정은 1776년 영조가 승하하자 곡을 하고 상복을 입었다. 이어서 즉위한 정조는 널리 인재를 구하였으니, 이상정에게 사헌부지평의 벼슬을 제수하였고 이듬해 사간원정언을 제수하였으나, 그는 사직하는 상소를 올렸다. 정조는 1780년 9월에 정3품 당상관 벼슬인 통정대부병조참지를 제수하였다. 이상정은 사직을 청하는 상소를 올리고 나아가지 않았다. 정조는 계속해서 벼슬을 내리고 자신을 도와 일해 줄 것을 청하였다.

이러한 정조의 의중을 파악한 이상정은 군왕이 갖추어야 할 9개 조목의 덕목을 적시하고 자신은 나이가 들어 더 이상 공무를 수행하기 어렵다는 사직 상소를 올렸다. 이상정이 올린 9조소에는 군왕이 갖추어야 할 덕목이 잘 드러나 있다. 선정을 베풀겠다는 입지立志, 이치를 밝히는 일(明理), 겸손하게 처신하는 거경居敬, 하늘 본받기(體天), 간언 받아들이기(納諫), 학문 진작(興學), 사람 부리기(用人), 백성 사랑하기(愛民), 검소하기(尙儉)이다. 이상정의 충정 어린 마음을 읽은 정조는 "이 9개조는 내가 평생을 좌우명으로 놓고, 보고 반성하는 자료로 삼겠다"라고 하였다. 정조는 이상정의 식견에 감탄하고 중용하여 옆에 두고 싶어하였다.

이 무렵 이상정은 세상을 떠날 준비를 하고 있었다. 1781년

(정조 5) 이상정은 자신에게 죽음이 임박하였음을 알고 이 세상에서 만났던 모든 사람들과의 소중한 인연을 아름답게 정리하고자 하였다. 이상정의 제자인 김종덕과 류범휴는 곁에서 스승의 마지막 가는 길을 일기로 기록하였는데, 이것이 「고종일기考終日記」로 『대산실기』에 실려 있다. 이 「고종일기」에는 평생을 유학자로 살아온 이상정의 생사관과 처세관이 잘 드러나 있다. 이 일기는 이상정이 와병중이라는 소식을 듣고 원근에 살고 있던 지인들이 찾아와 나누었던 이야기가 기록되어 있다. 어느 날 누가 다녀갔으며 그와 어떤 이야기를 나누었다는 사실이 수록되어 있다. 지인들과 나눈 이야기는 주로 안부와 병세를 묻고 학문적인 토론으로 이어졌다. 찾아오는 사람들은 노학자와의 마지막 만남에서 평소 궁금하게 생각하였던 부분에 대하여 가르침을 받고자 하였다. 이상정 또한 이 청을 기꺼이 수용하였으며 기력이 허락하는 한 자신의 견해를 밝혔다. 때로 기력이 쇠하여 토론을 할 수 없을 때는 몹시 미안해하는 모습이 그려져 있다. 그럴 때는 동생 광정에게 이 일을 부탁하기도 하였다.

1781년 10월 소변에 피가 섞여 나오자 가족들은 의원을 불러 약을 짓고자 하였다. 그러나 이상정은 이 병은 벌써 10여 년 전부터 있었고, 나이도 이미 70이 넘었으니 안타깝게 생각할 것 없다고 하였다. 이상정은 병석에 누워 있는 자신을 만나기 위해 추운 날씨를 무릅쓰고 찾아오는 사람들이 많이 고마웠다. 그는 자식과 조카들에게 이 뜻깊은 마지막 만남을 한 사람도 빠짐이 없이 기록하도록 하였다. 이상정은 삶을 마무리하는 시점에 아들 이완에게 이렇게 말하였다. "사람이 팔십을 바라보도록 사는 것은 드문 일이다. 지금 이 병으로 혹시 일어나지 못한다고 하더라도 이것은 순리이니, 순리는 마땅히 따라야 한다"라고 하였다.

12월 7일 동생 광정이 "어제 뵙고 싶어하던 많은 제자들에게 어떤 말씀을 해 주시겠습니까"라고 물었다. 이상정은 "평일에 서로 함께하던 뜻은 실용적인 공부를 드러내고자 하였을 뿐이다"라고 하였다. 그러자 모인 사람 가운데 어떤 사람이 "병환이 이와 같으니 한마디를 받들고 싶습니다"라고 하였다. 이상정은 광정에게 "너는 분수에 맞게 후학을 힘써 지도해 주기 바란다"라고 하였다. 또 이사정李師靖에게는 "너는 여러 조카들이 본분에 의지해서 유가의 기품을 잃지 않게 해야 할 것이다"라고 하였다. 건강이 악화되자 이상정은 누운 채로 옷 위에 허리띠를 놓게 하여 제자들을 맞았다. 제자들은 모두 꿇어 엎드렸으나 이상정은 숨이 끊어질 것 같은 지경에서 가래가 끓어 말을 이을 수가 없었다. 광정이 "저에게 가르쳐 주신 것 외에 달리 하실 말씀이 있으십니까"라고 물었다. 이상정은 눈을 뜨고 말하기를 "어제 말하고자 한 것은 평소에 한 것과 다른 것이 없고, 신기한 것도 없다. 그러니 평상 가운데 묘한 진리가 있으니 평상을 떠나서 별다른 것을 구하지 말라"라고 하였다.

8일 이상정은 조카 이윤에게 이렇게 말하였다. “지인들이 오랫동안 머물면서 병세를 서로 묻고 있으니 이 뜻은 진실로 감격스러운 일이다. 너는 지인들이 머무는 관에 나아가 감사의 뜻을 전하라”라고 하였다. 이상정이 시중드는 아이에게 자고 싶다고 말하고 죽을 찾아서 조금 마시고 물을 받아 양치를 하고 수염을 씻은 뒤 바로 누우니, 류범휴가 들어와서 진맥을 하였다. 류범휴는 탄식하며 말하기를, “선생의 환후가 점차 위독함에 이르렀지만 마음은 편안하게 안정되고 몸에는 바른 색이 돌아 고통을 모르는 것 같으니 평소에 기른 것이 컸다는 것을 볼 수 있다”라고 하였다. 또 “이광정이 어제 말하기를 ‘우리 형의 마음은 크고, 공부가 정밀한 것이 이와 같다’고 하였는데, 이 말은 참으로 맞는 것이다”라고 하였다.

이상정은 12월 9일 이른 아침에 몸을 돌려 바른 자세로 눕더니 8시 무렵 편안하게 눈을 감았다. 그 자리는 사랑하는 그의 아들과 동생들 그리고 손자들과 이상정을 존경하며 따랐던 제자 70여 명이 지키고 있었다. 그 자리에 모인 사람들은 모두 이상정이 세상을 떠난 것을 슬퍼하면서 통곡하였다. 이상정은 이듬해 3월 28일 안동부 북쪽에 있는 학가산 광흥사 동쪽에 영면하였다.

이상정은 아들에게 일흔까지 살았으니 여기에서 더 살기를 바라는 것은 욕심일 뿐 순리가 아니라고 하였다. 그는 최후의 순간이 가까워질수록 마음이 편안해지고 얼굴색이 밝았다고 한다.

죽음을 두려워하지 않고 편안한 마음으로 맞을 수 있다는 것은 얼마나 행복한 일인가. 그것은 아마 평생 동안 마음을 한곳에 집중하였다는 뜻이 아닐까. 권세에 아부하거나 돈을 추구하였다면 최후의 순간이 그렇게 평화로울 수 없었을 것이다. 70년간 살았던 세상을 물로 입안을 헹구고 수염을 씻고서 편안한 마음으로 떠날 수 있는 사람이 몇이나 되겠는가. 결국 육신은 자연에서 잠시 빌린 것이므로 이제 제자리로 돌아간다는 것을 깊이 깨달았기 때문에 편안하였을 것이다. 대산은 그를 존경하고 따르는 수많은 제자들을 남기고 조용히 세상을 떠났다.

서양 속담에 '끝이 좋으면 다 좋다'는 말이 있다. 끝은 처음부터 진행되어 온 모든 과정을 담고 있기 때문이다. 결과가 담기는 끝은 최종 판단의 근거가 되기 때문에 중요하다. 이상정의 끝은 이처럼 아름답게 장식되었다.

2) 공부하는 자세에 대하여

(1) 열린 마음으로 배움을 청하다

이상정은 외할아버지인 이재가 세상을 떠나자 별달리 스승을 정하지 않고 학업에 열중하였다. 그가 얼마나 외할아버지를 충실하게 따랐는지는 「외조부의 가르침을 적은 글의 발문」(外訓

跋)에 잘 드러나 있다.

> 내가 열네댓 살 때 외조부께서 금양錦陽에서 수업을 하고 계셨다. 선생은 나를 불초하다고 나무라지 않고 순순하게 고인의 학문 방향에 대해 가르쳐 주셨다. 하루는 내가 조용히 가르침을 청했더니 손수 '수양하고 공부할 요점'을 글씨로 써서 평생 외우도록 하셨다.

이상정은 이 사실을 잊어버리고 있다가 24년이 지난 38세 때 우연히 이를 발견하고는 배접을 한 뒤 책자로 만들고 발문을 썼던 것이다. "옛날에 책을 넣어 둔 상자를 정리하다가 발견해서 보니 먹 색깔이 아직 여전하고 그 모습이 어제 뵌 듯 선연하였다. 가만히 손가락으로 세어 보니 벌써 24년이 흘렀다. 아직도 나는 아무런 학문의 진보도 없어 저승에 계시는 외조부를 위로할 바 없었다. 그저 죄송할 뿐이어서 몸 둘 바를 모르겠다"라고 자책하였다. 그는 "항상 이 가르침을 자신을 살피는 도구로 쓸 것이다"라고 하였다.

이상정은 공부를 하다가 궁금한 것이 있으면 주변의 선배들을 직접 찾아가거나 편지를 통해서 의문이 나는 점을 물었다. 그리고 답에 대한 자신의 견해를 다시 보냄으로써 학문적 지평을 확대하여 갔다. 조선시대는 지금처럼 통신기술과 교통이 발달하지 않았기 때문에 학회 모임이나 토론의 장이 흔하지 않았다. 유일한 통신수단이 붓으로 쓴 편지였다. 그 편지를 간찰이라 부르는데, 간찰이란 종이가 발명되기 이전에 대나무를 얇게 쪼갠 조각에 글씨를 써서 보관하였기 때문에 붙여진 이름이다. 조선시대 학자들은 이 간찰을 주고받으며 학문적인 토론을 진행하였다. 가장 유명한 토론이 뒤에 설명할 퇴계 이황과 고봉 기대승이 8년간 전개한 '리기논쟁理氣論爭'이다. 이 유명한 논쟁은 조선시대뿐만 아니라 현대까지도 많은 학자들에게 귀감이 되고 있다. 이상정의 경우, 그의 문집에 수록된 편지만 하더라도 623통에 이른다. 문집에 실리지 않은 것까지 합하면 아마도 천 통이 넘는 편지를 쓰지 않았을까 생각된다. 자신이 쓴 편지가 이러하니 받은 것까지 합치면 그 수가 얼마나 되는지 추산할 수 없지만 상당히 많은 숫자가 될 것이다. 이 편지들이 모두 학문적인 토론의 목적으로 쓰인 것은 아니다. 그런 목적으로 쓰인 것은 얼마 되지 않는다. 그보다는 오히려 외지에 나가 있으면서 부친께 안부를 여쭙는 내용, 동생에게 집안일을 부탁하는 내용, 아들의 공부를 걱정하는 내용이 많다. 편지는 주변 사람들의 안부를 묻거나 일상적인 내용을 전하는 것이 대부분이다. 그런 까닭에 편지는 주로 서정적인 내용이 많다.

이상정이 편지를 보낸 인물들이 너무 많아서 일일이 열거할 수 없다. 고향의 대선배인 난졸재懶拙齋 이산두李山斗와 병곡屛谷

권구權榘 등에게는 자주 안부를 여쭙고, 자신이 궁금하게 생각하는 것들을 질문하였다. 그리고 제산霽山 김성탁金聖鐸・청대淸臺 권상일權相一・강좌江左 권만權萬・백불암百弗庵 최흥원崔興遠・구사당九思堂 김낙행金樂行 등 긴밀하게 교류하였던 사람들에게 보낸 편지가 많다. 이상정이 이들에게 보낸 편지들을 살펴보면 그가 평소 어떤 생각을 하면서 어떻게 살았는지를 알 수 있다. 외지에 나가서 부친께 올린 편지에는 늘 건강을 염려하고 집안 대소사의 진행 상황에 대해 여쭙고 부친의 뜻을 존중하면서 자신의 의사를 완곡하게 전하고 있어, 여기에서 그의 효성을 엿볼 수 있다. 반면에 동생에게 보내는 글에서는 자신이 외지에 있어 집안일을 일일이 챙길 수 없기 때문에 세세한 부분까지 챙겨서 일러주는 데서 형제간의 우애를 알 수 있다. 아들에게 보내는 편지는 때로는 준엄하고, 때로는 자애로운 면을 느낄 수 있다. 아버지로서의 엄하면서도 자상한 면이 느껴진다. 한편 이상정이 제자들에게 받은 편지에 답하는 글에서는 학문적인 의구심을 시원스럽게 해소시켜 주는 스승으로서의 면모도 엿볼 수 있다. 그는 제자들에게 보내는 편지에서도 늘 제자의 생각을 존중하고, 스승의 견지에서 제자의 부족한 면을 열어 주고자 하였다. 그는 제자의 역량과 성격까지를 고려해서 자상하게 짚어 주는 면모를 보이고 있다.

이상정은 김성탁을 스승처럼 모셨다. 자주 찾아뵙고자 하였으며 주변의 여러 가지 사안에 대해서 상의 드리고는 하였다. 김성탁은 이상정의 스승인 이재와 함께 이현일에게 수학하였다. 김성탁의 아들 김낙행은 이상정과 함께 이재에게 동문수학하였다. 그런 까닭에 이상정은 김성탁을 스승처럼 모셨다. 김성탁은 이른 나이에 대과에 급제하여 벼슬길에 나아갔다. 하지만 1737년 스승 이현일의 신원을 청하는 상소를 올렸다가 제주도로 유배되었다. 그 후 광양으로 유배지가 옮겨졌고 그곳에서 세상을 떠났다. 이상정은 김성탁에게 자신이 쓴 원고의 교열을 부탁하였고, 공부를 하다가 의문 나는 것이 있으면 편지를 보내서 질정을 구하였다.

이상정은 청대 권상일과도 밀접한 관계를 맺고 있었다. 권상일은 상주 사람으로 이상정보다 서른두 살이 많다. 권상일은 1710년 증광문과에 급제하여 승문원부정자 · 예조좌랑 · 병조좌랑 등을 역임하였다. 후세 사람들은 권상일이 퇴계의 성리설을 가장 잘 수용하였다고 한다. 권상일은 퇴계처럼 리와 기를 분리하고, 리는 본연의 성이 되고, 기는 기질의 성이 된다고 하였다. 권상일은 퇴계의 학설을 고수하면서 리와 기가 시간적 간격을 두고 서로 나타나게 된다는 시간적 호발설을 주장하였다.

권상일의 리와 기는 독자적으로 움직인다는 주장에 대하여 이상정은 다음과 같은 이견을 제시하였다. "저는 어르신 문하에 출입하면서 많은 가르침을 받았습니다. 이제 저의 의문을 남김

없이 말씀드리오니 가르침을 내리시어 저의 어리석음을 깨우쳐 주십시오. 사람이 말을 타고 다닐 때 출입하는 것은 말이지만, 말을 타고 움직이는 것은 사람입니다. 사람의 관점에서 보자면 사람이 출입하는 것이지만 사실은 말이 출입하고 사람은 단지 말 위에 앉아 있을 뿐입니다." 이상정은 권상일의 시간적 호발설에 대하여 다음과 같은 이견을 제시하였다.

> 리와 기는 도道와 기器라는 구분이 있지만 사실은 합쳐져서 나누기 힘든 '혼합이무간混合而無間'이라고 할 수 있습니다. 그렇다면 리와 기는 나누어지면 둘이 되기도 하고, 합쳐지면 하나가 되기도 합니다. 다시 말하자면 리는 기를 벗어나서 존재할 수 없고, 기는 리를 떠나서 스스로 움직이지 못합니다. 천지의 조화와 내 마음의 성정이 모두 이와 같습니다.

권상일은 리와 기가 시차를 두고 독자적으로 움직일 수 있다고 하였다. 그런데 이상정은 리와 기는 떨어질 수 없는 것이라고 한다. 리는 기를 타지 않고는 움직일 수 없는 것이라고 하였다. 이상정은 대선배인 권상일에게 서슴없이 반론을 제기하였다.

이상정이 교류하였던 인물 가운데 빼놓을 수 없는 사람은 최흥원이다. 최흥원은 이상정보다 여섯 살이나 나이가 많았다. 이상정은 최흥원을 형님으로 모셨고, 최흥원은 이상정을 친동생처럼 대하였다. 최홍원의 자는 태초太初 또는 여호汝浩이며, 호는 백불암이다. 1778년(정조 2) 학행으로 천거되어 참봉·교관敎官이 되었고, 1782년 장악원주부를 거쳐 1784년 세자익위사좌익찬世子翊衛司左翊贊이 되었다. 최홍원은 어려서부터 먹고 자는 것을 잊을 정도로 공부에 매진하여 후에 칠계漆溪 선생이라 불리게 되었다. 최홍원은 당시 백성들의 곤궁한 삶을 보고 남전향약藍田鄕約을 모범으로 하여 규약을 제정하고 향약을 만들었는데, 이것이 부인동규夫仁洞規였다. 뿐만 아니라 어려울 때 서로 돕기 위해 선공고先公庫·휼빈고恤貧庫 등을 만들어 삶에 안정을 얻게 하였다.

중국 송나라 때 섬서성의 남전이라는 곳에 여씨들이 모여 살면서 함께 화목하게 살기 위해 서로가 지켜 나갈 덕목들을 약속을 하였는데 이것을 여씨향약이라고 한다. 여씨향약은 조선시대 향촌사회에서 시행되었던 향약의 모범이 되었다. 우리나라의 향약은 크게 네 가지 절목으로 구성되었다. 그것은 덕을 서로 권한다는 덕업상권德業相勸, 허물은 서로 규제한다는 과실상규過失相規, 아름다운 풍속은 서로 교환한다는 예속상교禮俗相交, 그리고 어려운 일을 당하면 서로 돕는다는 환난상휼患難相恤이었다.

최홍원은 벼슬을 하지 않은 처사였지만 향촌사회에서 신망이 높아 많은 사람들이 그의 가르침을 따랐다. 최홍원 또한 어려서부터 과거시험을 준비하여 18세에 생원과 초시에 합격하였다. 그러나 대과에 합격하지 못하자 과거공부를 단념하고, 평생을 팔

공산 아래 칠계에서 벼슬하지 않고 처사로 은거하였다. 최홍원은 당시 민생을 도외시하였던 풍조에 편승한 학자가 아니었다. 어떻게 하면 백성들의 삶이 윤택해질 수 있을까를 고민하였던 '경제지사'로 칭송되었다. 경제지사는 국가 경영의 근본이 민생 구제에 있다는 것을 알고 실천한 사람들을 뜻한다. 최홍원은 학문적인 깊이와 민생을 중시한 처신으로 후일 후학들에게 이상정, 남야南野 박손경朴孫慶과 더불어 '영남삼로嶺南三老로 추앙받았다. 사람의 인격은 벼슬과 학문으로만 평가되는 것이 아니라 얼마나 자신을 수양하였느냐로 평가된다.

이상정은 최홍원에게 아들 완의 교육을 부탁할 만큼 그를 믿었다. 최홍원 또한 그의 아들 주진을 이상정에게 보내 스승으로 모시게 하였다. 두 사람은 서로를 알아보고 자식을 맡길 만큼 신뢰하였다. 이상정은 최홍원의 학문적인 깊이를 잘 알기에 늘 존경하는 선배로 모시면서 의심스러운 부분이 있으면 편지로 의견을 물었다. 1751년(영조 27) 이상정이 최홍원에게 보낸 편지에는 다음과 같은 내용이 담겨 있다.

> 형의 성의설誠意說 견해는 저의 생각과 딱 들어맞습니다. 뜻은 마음이 나타낸다고 합니다. 선대의 학자들 또한 뜻을 생각의 끝에서 시작된다고 하거나 생각이 싹트는 곳이라고 설명하였습니다.

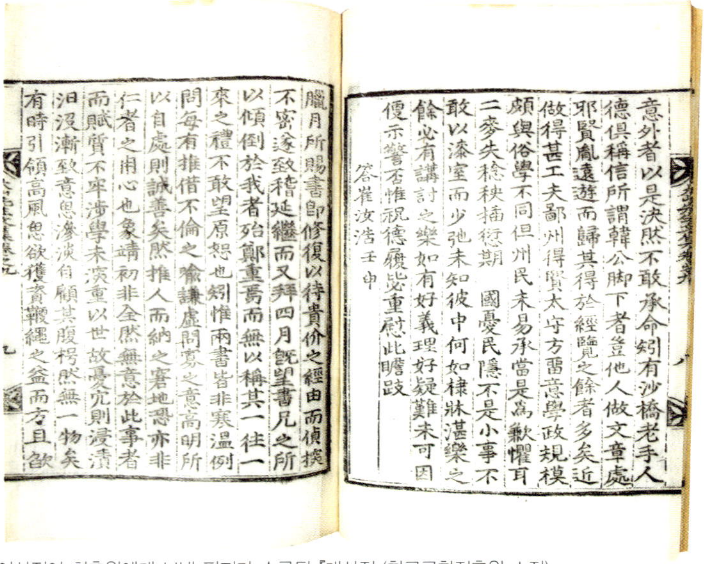

이상정이 최흥원에게 보낸 편지가 수록된 『대산집』(한국국학진흥원 소장)

그러면서 이상정은 최흥원에게 "친구간의 교제는 서로를 바로잡아 주는 것이 소중한데 이후로 형이 가르침을 내리시면 겸손하게 받아들겠다"라는 말로 끝을 맺었다.

이상정이 최흥원에게 보낸 편지를 보면 지방 수령으로 부임하여 독서나 하면서 심신을 휴양하겠다는 생각을 가지고 있었음을 알 수 있다. 그런데 막상 지방 수령이 처결해야 할 민생의 현안을 살펴보니 자신의 생각이 얼마나 잘못되어 있었는지 알 수 있었다고 한다. 백성들 삶의 현장은 그야말로 어려움 그 자체였다. 몇몇 부호들은 자신의 부를 지키기 위해 수령을 찾아다녔지만 그들을 만나는 것은 곤혹스러운 일이었다. 왜냐하면 늘 해결해 주어야 할 청탁을 들고 오기 때문이었다. 반면에 민초들의 삶은 곳곳에 곤궁함이 널려 있었다. 그 가운데서도 군역의 고통이 가장 크다고 이상정은 술회하고 있다. 이상정은 지금까지 많은 책을 읽으면서 민생을 돌보는 원칙들을 배웠다. 하지만 현실에서 그가 배운 것들을 실천하기가 쉽지 않다는 것을 알았을 때 그는 안타까웠다. 그는 안타까움을 이렇게 표현하였다.

> 학문은 일생 동안 갈고 닦는 것이다. 하지만 우리의 의지는 견고하지 못하고 수준은 깊지 못하다. 예상치 못하는 횡액을 만나면 뒷걸음질을 치고 물러나게 된다. 공부가 순수하고 견고해지면 외물에 흔들리지 않고, 의리가 분명해지면 사욕에 유혹되지 않는다.

이상정은 지금까지 배운 학문의 내용을 제대로 실천하지 못하는 데 대해서 자책하고 있었다. 뿐만 아니라 최홍원이 생각하는 민생 안정을 현실에서 실천하지 못하는 것이 아쉬울 뿐이었다.

앞에서 언급한 사람들은 이상정이 편지로 학문을 토론한 선배들이다. 그런데 학문 토론에 있어 이상정의 막역한 친구 가운데 한 사람인 김낙행을 언급하지 않을 수 없다. 김낙행은 이상정과 친구 사이로 이재의 문하에서 함께 공부하였다. 김낙행의 자는 퇴보退甫이나 후에 간부艮夫라고 고쳤으며 호는 구사당九思堂이다. 부친인 김성탁이 스승 이현일을 변호하다가 제주도로 유배를 당하자 아버지를 봉양하기 위해 따라갔다. 그 뒤 그의 부친이 유배지에서 돌아가시자 고향으로 모시고 가서 장례를 치렀다. 김성탁이 세상을 떠났다는 소식을 듣자 이상정은 제문을 지어 조문하였다. 이상정은 후일 김낙행에게 편지를 보내 안부와 사단에 대한 그의 견해를 물었다. 그 편지의 내용은 대개 이렇다.

> 지난날 형에게서 사단四端에 대한 학설을 들었습니다. 제가 어리석어 그 뜻을 정확하게 이해할 수가 없었는데 다시 가르침을 부탁드리고자 합니다. 인간은 천지가 모든 생명체를 살리는 마음을 자신의 마음으로 삼는다고 합니다. 이것이 인仁이 아닐까 생각합니다. 주자는 인의 본체가 서면 의 · 예 · 지가 확립된다고 하였습니다. 보내 주신 글에는 동물에게 칠정이 있고 인간에게는 사단이 있다고 하였습니다. 다시 자세히 연구해 보아야 할 것이라고 생각합니다만 천지간에 이치는 하나라고 생각됩니다. 생명체들은 모두 리를 가지고 있습니다만 사람과 금수의 리가 같다고 한다면 어떤 구별이 있겠습니까?

기에는 맑고 흐림이 있고, 사람이 모질고 나쁜 짓을 하고 감정과 욕망에 따라 제멋대로 행동한다면 금수와 차이가 거의 없습니다. 저의 생각은 이렇습니다. 다시 잘 생각하시어 유익한 가르침을 주시기를 바랍니다.

김낙행은 인성과 물성이 같다는 인물성동론人物性同論을 주장한 반면 이상정은 인물성이론人物性異論을 견지하였다. 이상정은 막역한 친구 김낙행에게 인성과 물성이 같다고 하는 것은 인간과 금수를 구별할 수 없으므로 다르다고 보는 것이 옳지 않을까 생각한다는 뜻을 전하였다. 이처럼 이상정은 누구에게나 열린 마음으로 배움을 청하였다. 자신이 모르는 것을 남에게 묻는 것을 부끄러워하지 않았고 다른 사람의 견해가 사리에 맞으면 자신의 생각을 바꾸기를 주저하지 않았다.

(2) 학문의 토론에는 준엄하였지만 겸손을 잃지 않았다

이상정은 선배들에게 깍듯한 면모를 보였지만 학문적인 견해 차이를 밝힐 때는 논거와 주장을 분명히 함으로써 비록 선배라고 하더라도 조금도 자신의 입지를 굽히지 않았다. 이상정은 고향의 선배인 강좌江左 권만權萬과 문학과 경학의 이해를 놓고 논쟁을 하였다. 권만의 자는 일보一甫이며, 호는 강좌江左이다. 권만은 이재와 눌은訥隱 이광정李光廷에게 수학하고 1725년(영조 1) 대과에 급제하여 양산군수를 지냈다. 그는 1728년 정자로 재직할 때 이인좌의 난이 일어나자 의병장 류승현을 도와 난을 진압하는 데 공을 세웠다. 권만은 이상정보다 나이가 스물세 살이나 많은 대선배였으며 문장에 뛰어난 사람으로 평가된다. 이 논쟁은 권만이 1742년에 이상정에게 이런 요지의 편지를 보낸 데서 시작되었다.

희보希甫가 말하기를 경문景文이 나에게 주서朱書를 읽으라고 권하지 않았다고 하였다는데 내가 지난번에 말한 것은 주서를 읽어서는 안 된다고 한 것이 아니라 주서를 먼저 읽어서는 안 된다는 것이었다. 왜냐하면 경서는 본원이고 주서는 말후末後이기 때문이다. 학문에 뜻을 둔 선비들은 사서삼경의 뜻을 먼저 익혀 제대로 이해한 다음에 의심나는 점이 있다면 전적으로 주해註解에만 의지하지 말고 자기의 뜻을 반복하고 궁구窮究하여 마음과 생각을 다 한 뒤에야 나아감이 있을 것이다. 이와 같이 하고 난 다음에야 학문이 남의 입에 오르내리는 근심을 면하게 될 것이고, 문장 또한 간결해서 볼만한 것이 있을 것이다. 근래에 학문을 하겠다는 선비들은 먼저 주서를 따르고 옛 학문을 손에서 놓아 버리며 마음에서 얻으려는 노력이 없으니 문사가 또한 태만한 데에 떨어져 예전 문사를 상대하던

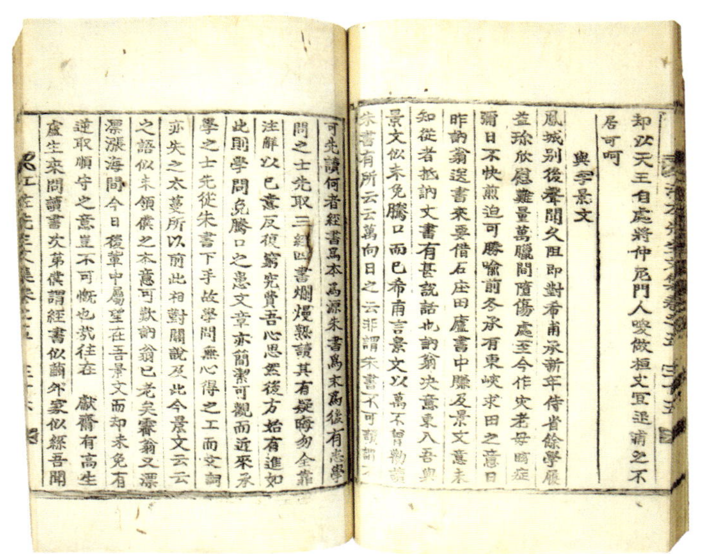
却以天王自處將仲尼門人嬖倣桓文宜迅請之不
居可呵
與李景文
鳳城別後聲聞久阻卽對希甫承新年侍省餘學履
益珍欣慰無量萬臘間墮傷處至今作宂老母時症
彌日不快煎迫可勝喩前冬承有東峽求田之意日
昨訥翁送書來要借石庄田廬書中縢及景文意未
知從者抵訥文書有甚說話也訥翁決意東入吾與
景文似未免騰口而已希甫言景文以萬不皆勸讀
朱書有所云云萬向日之云非謂朱書不可讀卽之

可先讀何者經書爲本爲源朱書爲末爲後有志學
問之士先取三經四書爛熳熟讀其有疑晦勿全靠
注解以已意反復窮究貫吾心思然後方始有進如
此則學問免騰口之患文章亦簡潔可觀而近來承
學之士先從朱書下手故學問無心得之工而文詞
亦失之太蔓所以前此相對關說及此今景文云云
之語似未領備之本意可歎訥翁已老矣審翁又漂
漂漲海間今日後輩中屬望在吾景文而却未免有
逆取順守之意豈不可慨也哉往在 獻齋有高生
盧生來問讀書次第備謂經書似繭外家似繰吾聞

권만이 이상정에게 보낸 편지가 수록된 『강좌집』(한국국학진흥원 소장)

것이 남의 말이 되어 버렸다. 지금 경문이 하는 말은 나의 본의가 아닌 듯하다.

권만은 이 편지에서 주서를 중시하던 당시 상황에서 주서 또한 많은 견해 가운데 하나일 수 있으니, 주서가 뛰어나다고 하더라도 먼저 경서 그 자체를 많이 읽고 뜻을 구해야 한다고 하였다. 그래도 모르는 것이 있으면 하나의 주해註解만을 고집하지 말고 자신 스스로 반복해서 의미를 구하는 것이 학문하는 자세라고 하였다. 그는 그렇게 해야 문장 또한 간결하게 구사할 수 있는 능력이 배양될 수 있다고 하였다.

권만으로부터 이러한 편지를 받은 이상정은 「답권강좌答權江左」를 보낸다. 이상정이 권만에게 보낸 답신의 내용은 대략 다음과 같다. 먼저 그가 희보에게 논쟁의 빌미가 된 말을 하게 된 경위를 설명하고 또 다시 말을 함부로 해서 옳지 않은 죄를 범하겠느냐며 후배로서 예를 갖추었다. 그러면서도 자신의 입장을 분명하게 전달한다.

> 경서가 바다라면 주자가 쓴 저서와 주석은 밀려와서 부서지는 파도라고 할 수 있습니다. 어르신이 그런 뜻으로 말씀하셨을 뿐만이 아니라 저 역시 그렇게 말합니다. 경서는 진실로 도를 싣는 그릇이라면 주자의 의도는 도를 밝히는 데 있습니다. 어찌 경서를 외면하고 따로 한 문파를 세우겠습니까? 육경六經이 귀중한 것은 그 속에 의리가 있기 때문입니다. 천하에서 의리보다 귀중한 것은 없고, 문장은 다만 한 가지 재주에 불과합니다. 제가 생각하기로는 문장이란 고정된 문체가 없고 시대와 더불어 변화합니다. 상고시대의 문장은 간략하였습니다만 후대로 내려올수록 예전에 비해 문장이 번잡하여졌습니다. 선생님께서는 저의 의견에 대해 좋은 가르침을 주시기를 바랍니다.

이상정 답신의 요지는 경서의 뜻이 중요한 것이지 문장이란 결국 한 부분에 불과한 것인데 어찌 작은 부분을 소중히 여기면서 큰 원칙을 소홀히 할 수 있느냐는 반론이었다.

이상정으로부터 이런 서신을 받은 권만은 "말은 엄정하지만 글에 담긴 뜻은 크다"라고 하면서 적지 않은 고민을 한 듯하다. 권만은 주서의 의의를 상대화하는 것 아니냐는 이상정의 반론에 이렇게 답한다.

> 나의 뜻은 요사이 공부하는 선비들이 먼저 육경을 공부하고 난 다음에 주서를 공부해야 한다고 말한 것이니 어찌 주서를 폄하하려는 뜻이 있었겠는가. 경문이 말末에 대해 견책하고 해독이 여러 번 이어진다는 말로 끝을 맺으니 나는 진땀이 나서 어찌해야 될지 모르겠다. 경문은 실언을 하였다.

답신에서 권만은 주서를 평가절하하려는 의도가 있었던 것은 아니었는데 이상정이 그것을 잘못 이해하고 자신에 대해 문장 다듬기를 일삼는다고 하니 곤혹스럽다고 하였다. 그러면서 이상정에게 경서를 읽어 자기의 학문을 체계화하는 것이 어떻겠느냐고 권하였다. 이상정은 훗날 가시나무를 한 짐 지고 가서 죄를 청하겠다고 다소 과장된 표현으로 겸손한 자세를 취하였다. 이상정은 권만이 자신을 한나라 말엽에 천자의 위세를 빌려 제후를

호령하던 협령자挾令者로 비유한 것에 대해서는 유감의 뜻을 표하였다. 그러면서 피차간에 이런 공격을 하다가는 유가儒家의 질서를 어지럽히는 사람이 될 것이라고 하였다. 이상정은 권만이 지적한 대로 경서를 읽으라는 권고를 받아들여 이치를 궁구하겠다고 하였다. "육경과 주서에 대한 논변은 아직 결말이 나지 않았지만 선배들과 편지를 주고받으며 의논해 본 결과 훌륭한 답변을 받아 음미하던 나머지 훗날 만나면 또한 지혜가 열리는 깨달음을 얻게 될 것이라고 생각합니다"라고 답하였다.

이처럼 이상정이 이 논쟁에서 한 발 물러선 것은 권만의 스승 이광정이 대산에게 편지를 보내서 서로가 장단점이 있으니 더 이상 확산시키지 말 것을 권하였기 때문이다. 이광정은 당시 안동지방의 도훈장都訓長을 지낼 정도로 학식과 명성이 높았으며 평생을 산림에서 후학들을 가르친 인물이었다. 이광정은 스승과 대선배의 입장에서 두 사람 모두 중도를 얻지 못하였다고 힐책하였다. 그러면서 이상정에게는 육경과 사서에 뜻을 두고 침잠할 것을 권하였고, 권만에게는 주서를 일상생활에서 좀 더 몸에 배도록 익힐 것을 권하였다. 이광정은 이상정의 공격을 받아 곤경에 처한 제자 권만을 옹호하는 입장에서 논지를 전개하였다. 그러면서 이광정은 두 사람에게 이 같은 한가로운 시비를 잠시 그만두고 실제 경서와 주서를 힘써 공부할 것을 권하였다. 이광정은 권만에게도 또한 편지를 보내 주서의 의의를 강조하고 비록 후배지만 이상정이 한 말을 귀담아 들으라고 충고하였다.

이상정은 권만에게 편지를 보내기 전에 제산霽山 김성탁金聖鐸에게 이 문제에 대한 자문을 구하였다. 이상정은 권만과 서신으로 성리설에 관한 의견을 주고받은 사실에 대하여 김낙행을 통해서 원고를 김성탁에게 전하고 자문을 구하였다. 이상정은 김성탁에게 세세하게 점검하여 주시면 고맙겠다는 말을 덧붙였다. 이러한 이상정의 편지를 받은 김성탁은 자상하게 답장을 써 보냈던 것 같다. 김성탁이 보낸 편지를 받은 이상정은 이런 내용의 답신을 보냈다.

> 지난번에 보내 주신 편지는 삼가 뜻과 말씀이 감당하기 어려울 정도로 칭찬을 해 주셨습니다. 어르신께서 겸손하게 하신 말씀은 마음속에 있는 이야기를 다 털어 놓기에 부족하였지만 도리어 과분한 칭찬을 받았습니다. 이로써 망령되게 죄를 짓는 일은 없게 되었습니다.

김성탁과 오고 간 편지에서 이상정은 어릴 적부터 그 집을 드나들면서 가르침과 지도를 받았기에 남다른 정이 있었음을 알 수 있다. 이상정은 아버지나 스승을 대하는 것과 같은 어투로 김성탁에게 그간에 있었던 일을 자세하게 이야기하고, 또 친구들과 함께 공부하다가 미심쩍은 부분을 편지로 물었다. 편지에는 마치 김성탁이 그 자리에 계셨더라면 그 의심이 쉽게 풀렸을 텐데 하는 아쉬움이 묻어난다. 다행히 그 자리에 친구이자 아들인 김낙행이 함께 있어 의문 나는 점을 적어 갔으므로 읽어 보시고 가르쳐 주시면 고맙겠다는 말을 전하고 있다. 김성탁 또한 이상정에게 마치 아들을 대하는 듯한 태도를 가졌던 것 같다. 김성탁은 이상정이 장래가 촉망되는 젊은이라는 것을 일찍부터 알아보았던 것 같다. 이상정은 1743년(영조 19) 권만에게 답한 편지에서 자신의 입장을 다시 확인하였다.

> 사람에게는 천천히 해도 되는 일과 급하게 처리해야 하는 일이 있듯이, 학문에도 선후의 차례가 있는 법입니다. 오늘 우리들은 안으로는 진실한 실천의 공부가 부족하고 밖으로는 사람에게 일이 이루어지게 하는 덕이 없습니다. 의리는 쉽게 바뀔 수 없고 문자는 쉽게 드러나지 않습니다. 백 년 동안의 논의가 쉽게 정해질 수 없는 것이니 후생後生을 지도하는 것도 쉽지 않습니다. 지금 자신을 반성하는 것으로 다른 사람을 가르치는 근본으로 삼아야 할 것이니 안으로 수양하는 것으로 밖으로 물리치는 근본을 삼아야 할 것이고 거경궁리하는 것을 공부의 절도節度로 삼아야 할 것입니다.

이상정은 거경궁리하는 성리학의 기본 입장을 고수함으로

써 종래 자신의 입장을 재확인하였다. 그러면서 육경과 주서에 대한 논쟁이 아직 끝나지 않았으니 여러 선배들의 가르침을 받고 여가가 있을 때 한번 만나서 가르쳐 주었으면 좋겠다는 뜻을 전하였다.

이상정으로부터 이 편지를 받은 권만 역시 1744년 자신의 입장을 고수하면서 이러한 내용의 답신을 보냈다.

> 일찍이 택질宅姪의 말을 들으니 경문이 말하기를 문장은 배울 것이 못 된다고 하였다고 한다. 이것은 경문이 감정이 격해서 한 말이라고 생각된다. 문장 또한 작은 일이 아니라서 성인이 아니면 대개 제대로 된 문장을 만들어 내기가 어렵다.…… 요컨대 학문의 도는 먼저 널리 공부하고 나중에 그것을 요약하는 데 있는 것이니, 문장 또한 이와 같다고 할 수 있다. 경문은 이미 널리 공부하였으니 그것을 요약하는 일만 남아 있다고 본다.

권만은 이 편지에서 문장 또한 작은 일이 아닌데 이상정이 큰 의미를 둘 것이 못 된다고 한 것은 실언을 하였다고 한다. 학문의 요체는 널리 배우고 그 핵심을 잘 요약하는 것이다. 권만이 이상정을 일러 이미 널리 공부하였으니 그것을 잘 요약하는 일만 남았다고 한 것은 이상정의 학문 깊이를 인정하는 말이다. 하지만 이 편지의 핵심은 문장 또한 가볍게 볼 것이 아니며 많은 공력을 들여야 한다는 것이다. 그러면서 문장을 잘 쓰는 것은 성인이 아니면 능하기 어렵다고 하여 문장 또한 중요한 것이라고 하였다. 결국 권만 또한 자신의 입장을 굽히지 않은 것이다. 권만의 이 편지를 받은 이상정은 자신의 주장을 양보하지 않으면서도 공손한 어투로 답장을 보냈다. 이상정은 지난번에 보낸 편지의 내용에서 너무 가파르고 단정적인 말을 하여 어른 대접을 하지 못한 점에 대해서 사과하였다.

권만과 이상정 사이에 전개된 이 논쟁이 더 이상 확산되지 않았던 것은 권만이 이상정에게서 온 편지를 이광정과 김성탁에게 보여 주고 의견을 구하였기 때문이었다. 이상정이 권만에게 강한 어투로 보낸 편지를 읽은 이광정은 이 논쟁을 여기서 말리지 않으면 두 사람 모두 돌이킬 수 없는 상처를 입게 될 것을 염려하였다. 두 사람은 모두 당시에 촉망받는 중견 인물이었으며, 더구나 지역사회에서 차지하는 비중이 적지 않았다. 잘 알려진 대로 이상정은 정통 성리학자였기 때문에 주서의 중요성을 강조한 것은 당연한 것이었다. 반면에 권만은 문장가로 이름이 난 사람이었기 때문에 주서보다는 육경에 역점을 두어야 한다고 하였다. 이러한 두 사람의 입장을 충분히 이해하였던 이광정은 두 사람 모두에게 큰 상처를 주지 않고 원만하게 이 논쟁을 정리해야 할 필요성을 느꼈다. 그런 까닭에 두 사람의 입장을 모두 살려주면서 아울러 두 사람에게 상대의 입장을 이해할 것을 권하였다.

권만은 예상 밖으로 이상정의 논조가 강하자 당황하여 김성탁에게 편지를 보냈다. 권만은 김성탁에게 보내는 편지에서 자신의 입장을 이렇게 밝힌다.

> 경문과 근래에 주고받은 편지에 담긴 저의 뜻은 문장이 번거롭게 되는 폐단을 막기 위해 경문 · 현윤賢胤 · 퇴보退甫 등과 같은 영재들로 하여금 먼저 육경사자六經四子에 힘을 쏟아 근기根基를 확립한 이후에 정자 · 주자 학파의 여러 책들을 보게 해서 그 일이 되어 가는 사정을 통달하게 하고 싶었습니다. 학문의 차례를 논하는 것을 어찌 저 같은 사람이 감히 망령되게 할 수 있겠습니까. 다만 정주학파의 글을 따라서 읽게 된다면 공부가 잘못된 길로 접어들 확률은 적지만 스스로 답을 찾는 사색하는 공부는 제대로 되기 힘들다는 것이 저의 생각입니다. 그런 까닭에 저는 자기 방식대로 반복해서 생각하고 여러 책을 두루 섭렵하다가도 이해가 되지 않을 때 정주서程朱書를 취해서 그 의미를 확증한다면 큰 힘이 될 것이라고 한 것입니다.

결국 권만의 주장은 처음부터 정주학으로 공부를 하게 된다면 공부하는 사람의 자유롭고 다양한 생각과 견해를 살려 낼 수 없다는 것이다. 그러므로 처음부터 일종의 정해진 교과서라고 할 수 있는 정주학을 읽기보다는 스스로 해답을 찾는 노력을 중시해야 한다. 이러한 권만의 견해에 대해서 김성탁은 이상정을 편들고 싶은 생각은 없지만 권만의 생각에는 동의할 수 없다는 입장을 표명한다. 김성탁은 권만이 먼저 경서를 읽으라는 것이나 정주학을 반드시 먼저 읽을 필요가 없다는 것에 대하여 동의할 수 없다고 한다. 김성탁은 독서는 먼저 쉬운 책부터 읽어 이해를 하고 난 다음에 어려운 책을 읽는 것이 순서라고 하면서 어려운 경서보다 쉬운 정주학을 먼저 공부해야 한다고 하였다. 그렇지만 김성탁도 나중에는 권만의 입장을 이해하고 권만과 이상정 두 사람의 주장이 다 일리가 있다고 인정하였다.

이 논쟁은 이상정과 권만이 서로를 존중하면서 3년간이나 토론하였다는 데 큰 의미가 있다. 대부분의 많은 사람들은 자신의 주장을 관철시키기 위해 심한 말을 서슴지 않는 경우가 많다. 이러한 현상이 심해지면 때로는 인신공격으로 이어지는 경우가 허다하다. 하지만 이 논쟁은 끝까지 상대의 의견을 존중하면서 진행되었다. 또 한 가지는 토론 당사자만의 의견을 고집하지 않고 당시 학계의 대선배들에게 자문을 구하였다는 점이다. 이 선배들은 토론의 당사자들이 스승으로 모시고 아버지처럼 섬기는 분들로, 권만과 이상정은 이분들의 중재안을 받아들였다. 중재자들은 두 사람이 모두 뛰어나고 주목받는 사람들이라는 것을 알고 있었다. 그리고 그들의 주장이 나름대로 근거를 가지고 있다는 것 또한 알고 있었다. 조정자들은 두 사람 가운데 어느 한 사람이 절대적으로 옳다고 할 수 없는 상황에서 한 사람을 패자로 만드는 것은 옳지 못하다고 보았다. 그런 까닭에 두 사람을 비롯해서 중재자들까지 모두가 상생할 수 있는 길을 제시하였던 것이다.

이상정은 우리나라에서 오직 퇴계 선생이 참으로 학문을 연마한 사람이라고 이해하고 본받고자 하였다. 퇴계는 공부 과정과 단계에서 낱낱이 정자와 주자의 문호를 따랐고, 학문에 근거가 있었다. 그런 까닭에 이상정은 퇴계를 존경하였고, 퇴계가 일평생에 걸쳐 완성한 『주자서절요』야말로 귀중한 역저라고 생각하였기 때문에 주서의 중요성을 강조할 수밖에 없었다.

권만은 자유로운 글쓰기를 좋아하는 당대의 문장가였다. 문학에 있어서 사색만큼 중요한 것은 없다. 세상 모든 것이 짜여 있는 틀에 구속되어 해석된다면 이보다 더 숨이 막히는 일은 없을 것이다. 얼마든지 자유로운 해석이 가능해야 한다. 그런 까닭에 그는 주서보다는 육경의 의미를 스스로 찾기를 권하였던 것이다. 하지만 그도 당시 사회에서 자신의 입론을 끝까지 주장하지는 못하고 반드시 주서를 먼저 볼 필요는 없다고 하였던 것이다.

이 토론은 두 사람의 입장을 분명하게 밝힌 것으로 충분한 의미가 있다. 왜냐하면 토론은 끝까지 가는 것이 아니기 때문이다. 토론의 끝은 난장판이며 지옥이다. 세상 그 어느 곳에도 반드시 '옳은 것' 은 없다. 적당한 선에서 멈추는 것이 최선이다. 이 논쟁이 빛나는 것은 이광정과 김성탁의 중재에 있다. 두 사람은 젊은 두 학자의 주장이 의미 있게 마무리될 수 있도록 조정해 주었다. 더욱 아름다운 것은 권만과 이상정이 두 선배의 중재안을 수용하였다는 것이다.

(3) 나이가 들수록 겸손해지다

이상정은 평소 늘 겸손하게 처신하였다. 그는 언제나 교만함을 경계하였는데, 『대산집』 가운데 「만수록晩修錄」에 실려 있는 다음과 같은 말에서 그러한 면모를 볼 수 있다.

> 사람들이 가지고 있는 병폐 중의 하나는 자신을 대단하게 여긴다는 점이다. 어떤 일이 있을 때에도 자신의 생각을 따르고, 사물을 접촉하였을 때에도 자신의 견해를 주장하여, 욕심부리는 것도 자신이며, 이롭게 하는 것도 자신이니, 눈으로 자기가 있는 것만 보고 도리가 있음은 전혀 알지 못한다. 만약 이 병폐를 고치자면 반드시 도량을 키우고 마음을 비워, 눈앞에서 도리의 면모가 저절로 드러나 털끝만큼도 그냥 지나칠 수 없고 잠시라도 놓칠 수 없음을 항상 보면서 자신의 한 몸뚱이를 없는 것처럼 여겨야 하니, 그래야만 잘 헤아릴 수 있고 안정이 될

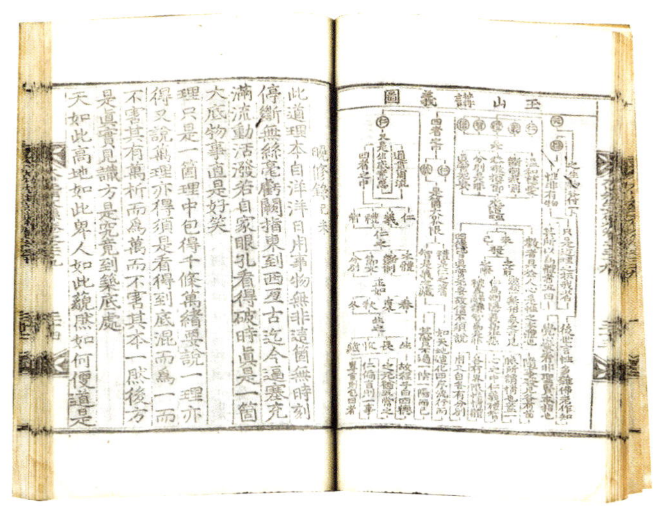
晩修錄 己未

此道理本自洋洋日用事物無非這箇無時刻停斷無絲毫虧闕指東到西亙古迄今逼塞充滿流動活潑若自家眼孔看得破時眞是一箇大底物事直是好笑

理只是一箇理中包得千條萬緒要說一理亦得又說萬理亦得須是看得到底混而爲一而不害其有萬析而爲萬而不害其本一然後方是眞實見識方是究竟到築底處

天如此高地如此卑人如此藐然如何便道是

玉山講義圖

나이가 들어도 자신의 수양에 힘쓰겠다는 「만수록」이 수록된 『대산집』(한국국학진흥원 소장)

수 있다.

사람들은 대개 비슷한 부분이 많고 다른 부분이 적다는 것을 피상적으로 알고 있으면서도 현실에 마주쳐서는 그런 사실을 잊고 만다. 그래서 누구나 자신을 대단한 사람으로 여긴다. 자신이 대단한 존재라고 긍정하는 것은 좋으나 상대는 하찮은 사람이라고 여기는 데 문제가 있다. 성리학에서는 모든 사람에게 똑같은 리와 기가 부여되어 있다고 한다. 다시 말하자면 모든 사람이 하늘이라는 뜻이다. 하늘에는 우열이 없는데, 사람들 가운데는 다른 사람보다 역량이 조금 뛰어나다는 것으로 열등한 사람을 함부로 대하는 사람들이 있다. 결국 자신이 있음만을 알고, 상대도 자신과 같은 인격을 갖춘 존재라는 것을 알지 못한다. 그런 까닭에 군자는 자신은 낮춤으로써 더 높아지고, 비움으로써 더 충만한 경지에 이른다. 이상정은 모든 사람이 군자가 될 수는 없지만 세상은 다른 사람과 더불어 살아갈 수밖에 없다는 사실을 알아야 한다는 것을 일깨워 주었다. 상대를 이해하는 일은 어렵지 않다. 내가 상대방의 입장이 되어서 생각해 보면 금방 알 수 있다. 유교에서는 이것을 두고 '추기급인推己及人'이라고 한다. 즉 자신을 미루어 남의 처지를 헤아린다는 뜻이다.

이상정은 이렇게 남을 배려하는 자세를 가져야 한다고 하였다. 배려하는 자세는 모든 배움 가운데 가장 기본에 속하는 것이다. 그는 이러한 배려심은 욕심을 버리는 데서 얻을 수 있다고 하였다. 그는 남을 헤아릴 수 있는 여유는 자신을 절제하는 데서 나온다고 한다.

> 항상 이 욕慾이라는 글자를 몸속에 간직해 둔다면 비록 항상 막고 억제하더라도 자신도 모르게 갑자기 튀어나와 종종 잘못될 수 있다. 반드시 욕심을 억제하여 물리치고 오래전부터 뱃속에 생겨난 탁한 기운을 깨끗이 씻어 내 이 몸뚱이가 혼연히

천리天理가 되도록 하여야 바야흐로 흔쾌한 경지에 이를 수 있다.

이상정은 더불어 사는 세상에서 서로를 이해하는 것은 중요한 덕목이지만 입으로 배워서 되는 것이 아니고 몸으로 실천하는 것이 중요하다고 한다. 그는 실천의 중요성을 다음과 같이 말하였다.

지금 사람들이 입만 열면 배우는 것에 대해 말하는데, 배운다는 것이 무엇을 배운다는 말인가. 반드시 성실하게 연구하고 제대로 보존하여 자신의 것이 되도록 하여야 하며, 말만 앞세워서는 일을 성사시키지 못한다. 배운다는 것은 일생의 일이니 대충 하고서 끝났다고 해서는 안 된다. 비유하자면 좋은 쇠를 강한 불에 넣는 것과 같아 단련할수록 더욱 익숙해진다. 이 정도 이상의 사람이라야 학문에 대해 말할 수 있다.

배운다는 것은 머리로 알아서만 되는 것이 아니고, 가슴으로 느끼고 실천으로 이어질 수 있어야 한다는 것이다. 나아가서 그것이 이 사회에 긍정적인 결과를 도출할 수 있는 현실로 나타나야 비로소 작은 역할을 하였다고 할 수 있다는 것이다. 이상정은 배움의 시작은 마음가짐을 바로 하는 데서 비롯된다고 한다. 이상정은 마음을 설명하는 『맹자』의 "잡으면 있고 놓으면 없어지며, 드나드는 데 일정한 때가 없고 그 있는 곳을 알 수 없는 것이란 마음을 두고 하는 말이다"를 인용하여 공부하는 사람의 마음가짐과 공부하는 방법을 이렇게 설명한다.

> 사람의 마음은 형체가 없어 출입이 일정하지 않고 잡으면 잡을수록 더욱 일정하지 않다. 반드시 보고, 듣고, 말하고, 행동하고, 응접하는 가운데서 공부를 하여 조금이라도 방기됨이 없도록 하여야 이 마음이 이 안에 머물 수 있을 것이다. 안과 밖인 마음과 몸은 본래 두 개의 덩어리가 아니라서 밖을 다스려서 안을 기르는 것이다. 이것이 일상에서 매우 긴요한 공부이다.

이상정은 마음의 중요성을 "마음은 비록 몸을 주재하지만 천하의 사물을 포괄하고 있어 어느 곳이건 부족함이 없고, 어느 때건 끊김이 없다. 반드시 깊이 연구하고, 몸소 경험하며 오랫동안 지속적으로 체득하고 익숙해져야 이 마음의 전체를 채울 수 있는 것이지 하루아침에 긁어모아 억지로 만들 수 있는 것이 아니다"라고 하였다. 마음은 형체도 없고 항상 변화하여 일정하지 않다. 언제나 긍정적이며 밝게 생각하면 좋은 결과가 나올 확률이 높다. 하지만 부정적이고 우울한 생각을 하게 되면 좋지 않은 결과가 나올 가능성이 높다.

사람들은 자신이 좋아하는 일을 할 때는 시간 가는 줄 모른다. 그 속에 빠져들기 때문이다. 일찍이 공자는 『논어』에서 "무엇을 안다는 것은 그것을 좋아하는 것만 같지 못하다. 무엇을 좋아한다는 것은 그것을 즐기는 것만 같지 못하다"라고 하였다. 모르는 것은 분명하게 아는 것이 중요하고, 아는 것은 실천하는 것이 중요한데, 노력하는 것은 즐기는 경지를 따라가지 못한다는 뜻이다. 만일 배우지 아니하고 세월만 보낸다면 흐르는 세월이 너를 기다려 주겠는가. 잘못이 있다면 반드시 반성하고, 반성한 다음에는 다시는 그런 잘못을 되풀이하지 않아야 한다. 만약 우리가 잘못한 일이 있어 반성하였다가 얼마 후에 또 다시 그런 잘못을 저지른다면 반성하지 않는 것과 무엇이 다르겠는가. 무엇을 반성한다는 것은 같은 잘못을 되풀이하지 않겠다는 자신과의 약속이다. 이 약속이 성실히 지켜진다면 그 사람은 훌륭한 사람이다. 왜냐하면 많은 사람은 같은 잘못을 수없이 반복하면서 살아가기 때문이다. 그런데 한 번 저지른 잘못을 다시 되풀이하지 않는 사람은 그것만으로도 대단한 사람이다. 애공이 공자에게 "제자 가운데 누가 배우기를 좋아합니까?"라고 물었다. 공자는 이렇게 대답하였다.

> 안회라는 자가 있어서 배우기를 좋아하여, 화가 나도 다른 사람에게 그 화를 옮기지 아니하며 같은 잘못을 두 번 되풀이하

지 아니하였다. 안회는 불행히도 명이 짧아 일찍 죽어서 지금은 없다. 일찍이 안회만큼 배우기를 좋아하는 사람을 아직 보지 못했다.

공자는 안회를 무척 아꼈던 것 같다. 안회가 세상을 떠났을 때 공자는 하늘이 나를 버렸다고 안타까워하였다. 안회는 배우는 것을 즐겼다고 한다. 무엇을 즐긴다는 것은 그 대상과의 교감을 통하여 그 세계에 몰입한다는 것을 말한다. 사람에게 언제나 즐거움을 느끼는 세계가 있다는 것은 행복한 일이다. 그 즐거움은 삶의 활력을 주고, 그 활력은 삶을 윤택하게 한다. 그렇기 때문에 사람들은 늘 긍정적인 생각을 중시하는 것이다.

3) 퇴계학파와 율곡학파의 리기론을 통합하다

(1) 퇴계학파의 리기론

이상정은 관직에는 별 뜻이 없었으나 학문적인 열정은 대단하였다. 그의 학문적인 업적은 여러 가지가 있지만, 그 가운데서 빼놓을 수 없는 것이 조선시대 성리설 논쟁을 정리한 것이다. 성리학은 유학이 탄생한 지 1,000여 년이 지난 뒤 송나라 때 와서 주자에 의해 집대성된 학문으로, 도학 · 리학 · 정주학 · 성명학

등으로 불리기도 한다. 우리나라에는 고려 말에 유입되어 조선 시대를 풍미하였다. 성리학은 대체로 우주 자연의 생성구조와 인간의 심성, 그리고 사회를 살아가는 인간의 자세 등을 설명하는 학문이다. 성리학은 이 우주가 리理와 기氣로 구성되어 있다고 본다. 성리학은 자연과 인간, 그리고 사회의 존재와 운동을 리와 기로 설명한다. 리는 만물 생성의 근원이 되는 정신적 실재로서 기의 존재 근거이며, 동시에 만물에 내재하는 원리로서 기의 운동법칙이 되기도 한다. 기는 우주 만물을 움직이는 실체로, 기가 모이면 만물은 생성되고 기가 흩어지면 소멸한다. 이러한 리와 기는 동양의 고전인 사서삼경에 언급되었고, 송나라 때 정자·주자 등을 비롯하여 후대 학자들에 의해 많은 주석이 달리고 뜨거운 논쟁이 계속되었다.

조선시대 대표적인 성리설 논쟁은 퇴계 이황과 고봉高峰 기대승奇大升 사이에 벌어진 논쟁으로, 1538년부터 1546년까지 8년간이나 편지를 주고받으며 진행되었다. 이 논쟁은 우리 역사에서 매우 유명한 논쟁이다. 이황은 스물여섯 살이나 어린 기대승에게 처음부터 끝까지 진지한 자세로 토론에 임하였다. 기대승 또한 대선배와의 토론에서 예를 갖추면서도 자신의 소신을 끝까지 굽히지 않았다. 두 사람의 격조 높은 이 토론은 후세에 길이 귀감이 되고 있다. 이 성리설 논쟁은 퇴계의 사후 그의 제자들과 고봉의 설을 계승한 율곡학파 간의 논쟁으로 확대되었다. 이 논쟁은 퇴계와 고봉 사이에서 진행될 때보다 시기를 내려오면서 점차 격화되는 양상을 보이게 되었다. 이 논쟁의 발단은 1537년(중종 32)에 추만秋巒 정지운鄭之雲이 『성리대전性理大典』 및 여러 책과 학설 등을 참고하여 인간의 본성을 설명하는 「천명도설天命圖說」을 그림으로 그리고 설명을 붙인 데서 시작한다. 정지운의 「천명도설」은 심오하였지만 인간의 본성을 잘 설명한 까닭에 학자들 사이에 널리 유행하였다. 어느 날 「천명도설」을 본 이황은 그림의 작자를 찾았고 그가 정지운이라는 것을 알아내었다. 이황은 정지운을 만나 「천명도설」의 설명을 들었고, 정지운은 이황에게 「천명도설」의 수정을 부탁하였다. 이황은 정지운이 "사단은 리에서 나오고, 칠정은 기에서 나온다"라고 한 것을 "사단은 리가 발한 것이고, 칠정은 기가 발한 것이다"라고 수정하여 제시하였다. 이황이 수정한 그림을 「천명신도」라고 하였으니, 정지운의 원본은 「천명구도」가 되어 버렸다. 이황이 이러한 주장을 하였다는 사실을 알게 된 기대승이 "리와 기는 현실에서 구별될 수 없고, 사단과 칠정은 그 성질상 별개의 것이 아니다"라는 반론을 제기함으로써 성리설 논쟁은 시작되었다.

이황의 성리설은 리기이원론理氣二元論으로 인간은 태어날 때 하늘로부터 이성과 감성을 부여받았다고 한다. 쉽게 말하자면 리는 이성이고 기는 감성이며, 이성과 감성은 서로 떨어질 수 없지만 서로 섞일 수도 없다는 것이 리기이원론의 요점이다. 퇴계학파의 리기이원론은 리와 기를 별개의 것으로 인식하며 이를 분개간分開看이라고 한다. 이황은 리와 기가 별개인 이유를 이렇게 설명한다. “공자는 역에 태극이 있으니 이것이 양의兩儀를 낳는다”라고 하였다. 주돈이周敦頤는 “태극이 움직여 양을 낳고, 태극이 멈춰서 음을 낳는다. 무극의 진과 음양오행의 정기가 오묘하게 합하여 응결된다. 만약 리와 기가 본래 하나라고 한다면 태극이 곧 양의이니 어찌 태극이 음양을 낳을 수 있겠는가. 리와 기가 하나라면 어찌 묘하게 합하여 응결될 것이 있겠는가?”라고 하였다. 공자와 주돈이는 음양은 태극이 낳은 것이라고 한다. 정호程顥는 “형이상을 도道라 하고 형이하를 기器라 하니 모름지기 이와 같이 말해야 한다. 기가 또한 도이며 도가 또한 기이다”라고 한다. 만일 리와 기가 하나라면 공자는 어찌하여 형이상과 형이하를 구별하고 도와 기로 나누었겠으며, 정호는 “모름지기 이와 같이 말해야 한다”라고 하였겠는가. 정호는 기를 떠나서 도를 찾을 수 없었기 때문에 ‘기가 또한 도’라고 한 것이지 ‘기가 곧 도’라고 한 것은 아니며, 기는 도를 벗어나 있을 수 없기 때문에 ‘도가 기’라고 한 것이지 ‘도가 곧 기’라고 한 것은 아니라는 것이다. 도와 기가 나뉘는 분기점이 곧 리와 기가 나뉘는 구분점이기 때문에 인용하여 증거로 삼은 것이다. 주자는 “리와 기는 결단코 두 가지다. 다만 사물에서 본다면 두 가지가 한 덩어리가 되어 따로 떼어 각각 한곳에 있게 할 수는 있으나 두 가지가 각각 별개의 것으로 되는 데 문제가 되지 않는다. 만일 리에서 본다면 비록 사물이 있기 전이라도 이미 사물의 리는 있는 것이다. 그러나 또한 그 리가 있을 뿐이요, 실제로 이 사물이 있는 것은 아니다"라고 하였다. 또 "기가 있기 전에 성이 먼저 있다"라고 하였으니 기가 있지 않더라도 성은 항상 있음을 알아야 한다. 그리고 비록 기 가운데 있을지라도 기는 기이고 성은 성이어서 또한 서로 섞이지 않는다. 리가 사물의 본체가 되어 있지 않은 곳이 없음을 논한다면 또 기의 정미하고 거침을 막론하고 리가 있지 않음이 없다고 하였다.

이처럼 이황은 리와 기를 하나로 볼 수 없는 전거를 공자로부터 주돈이, 정호 그리고 주자에게서 찾았다. 이황은 과거와 현재의 학문 및 도술이 차이나는 까닭을 논하면서 그 원인을 '리' 자를 알기 어렵기 때문(理字難知)이라고 하였다. 리는 도이기도 하고, 태극이기도 하고, 무극이태극無極而太極이기도 하다. 리는 기와 더불어 상관적인 관계를 맺기도 하고 분리되어 홀로 존재하는 것이기도 하다. 이황에 따르면 리는 지극히 높은 것이어서 명령하는 자이지 명령을 받는 자가 아니며, 기는 리가 실현되는 재질이나 바탕이 되는 것이다. 이황은 리를 기에 비하여 상대적으로 우월한 존재로 파악하였다.

이황은 마음이 대상 사물에 반응하는 방식을 리발理發과 기발氣發로 설명한다. '리가 발한다' 고 하는 것은 태초에 다른 매개가 없으므로 태극의 움직임을 '리가 움직인다' 고 표현하는 것과 다르다. '리가 발한다' 는 것은 이미 그것이 '마음의 영역' 에 포함되었다는 것을 의미한다. '기가 발한다' 는 것 또한 마찬가지다. 이황은 사단과 칠정을 주리와 주기로 구분할 수 있다고 본다. 즉 사단은 '리가 발함에 기가 따른 것' 이며, 칠정은 '기가 발함에 리가 탄 것' 으로 볼 수 있다고 한다. 이황은 만년에 이에 대한 인식의 전환을 이룬다. 이황은 기대승과 사단칠정에 관한 논변을 하면서 리발을 주체화시켰다. 하지만 그 리발은 리가 스스로 운동한다는 것이 아니었다. 그것은 마음의 작용에 따라 리가 드러나는 것이었다. 이황은 무극이태극에서 '극極' 을 '리' 로 해석하였다. 이황은 기대승의 계속되는 비판에도 불구하고 이 관점을 고수하다가 '극' 과 '격물', '물격' 의 의미를 새롭게 깨닫게 된다. 이황은 극을 '무위' 로 해석함으로써 '태극이 동정할 수 있는 이유' 를 찾아낸다. 그는 지금까지 부정하였던 '리가 스스로 이른다' 는 것을 수용하면서 인식의 전환을 이루었다. 이황은 이 해석을 통하여 주자 철학에서 제기하는 리의 무위성에 위배되지 않으면서 '주체로서 작동하는 리' 를 설정할 수 있게 된다. 이황이 이것을 깨달은 것은 임종 두 달 전인 1570년 10월이었다.

이황의 학통을 계승한 이현일은 16세기 이후 상대적으로 약화되었던 퇴계학의 정체성을 규명하고자 하였다. 이현일은 퇴계학을 옹호하기 위해 학술적, 정치적으로 헌신한 인물이었다. 그는 율곡학파의 반론으로부터 퇴계학의 정체성을 지켜내기 위해서 「율곡이씨논사단칠정서변栗谷李氏論四端七情書辨」을 저술하였다. 이 반론에서 이현일은 기발만을 인정하고 리발을 부정하는 이이의 반론에 다음과 같은 문제를 제기한다. 이현일은 리는 만물의 근원이고, 리가 만물을 주재할 때 우주의 질서가 유지될 수 있다고 한다. 리는 어떤 일을 할 수 있는 것은 아니지만 실제로 만물의 조화를 주재하는 근원이다. 만일 이이가 주장하는 대로 리는 허무하고 빈 것이라면 조화의 근원이 될 수 없다고 비판하였다. 그리고 본성에서 이미 본연과 기질이 다르기 때문에 감성에 있어서도 주리의 사단과 주기의 칠정이 분명하게 구별된다는 입장을 취하였다. 이현일의 반론의 요지는 이렇다. '리와 기는 서로 떨어질 수 없다' (理氣不相離)는 것을 부정하는 것은 아니다. 하지만 '리와 기는 서로 섞일 수 없다' (理氣不相雜)는 것이었다. 이황의 리기이원론은 이현일과 이재를 거쳐 이상정에게로 이어졌다.

퇴계학파가 주장한 분개간의 요지는 이렇다. 사람이 태어나는 것은 성性인 리와 기가 합쳐진 산물이다. 리는 형체가 없기 때문에 사사로운 욕망에 사로잡히지 않아서 선하다. 기는 형체를 갖추기 때문에 일정한 물질로 구성되며, 물질로 구성되었기 때문에 사사로워 선하지 않을 수도 있다. 사단과 칠정은 유사한 면이 있지만 칠정을 사단에 완전히 배속시킬 수는 없다. 왜냐하면 사단은 칠정으로부터 비껴 나간 것이기 때문이다. 사단은 칠정을 벗어나는 것이 아니며, 칠정 중에 발하여 절도에 맞는 것이다. 사단은 리가 발함에 기가 따르는 것이고, 칠정은 기가 발함에 리가 탄다는 리기호발설이 분개간을 설명하는 이론이다.

(2) 율곡학파의 리기론

율곡학파의 리기론은 리기일원론으로 '리와 기는 서로 떨어질 수 없다'는 것이며, 혼륜간渾淪看이라 불린다. 리기일원론은 서경덕徐敬德에게서 시작되어 기대승을 거쳐 이이李珥에게서 총체적으로 검토된 뒤에 독자적인 이론으로 정립된다. 이이 사후에 이 이론은 송시열宋時烈과 권상하權尙夏를 거쳐 한원진韓元震에게로 이어졌다. 혼륜간이란 리와 기가 서로 섞여 있는 까닭에 분리해서 볼 수 없다는 의미이다. 다시 말하면 마음이 움직이면 리는 주체가 되고, 기는 쓰임이 된다는 것이다. 리와 기를 통합적으로 이해하여 기가 움직이면 리가 그것을 조종한다는 학설이다. 이이는, 리와 기는 서로 떠나지 아니하며 마치 한 물건 같으나, 다른 것은 리는 무형이고 기는 유형인 것이라고 한다. 리는 무엇을 할 수 없는 무위無爲이고 기는 형체가 있는 유위有爲라는 것이다. 그런 까닭에 리는 기를 부리는 주재이고, 기는 리가 탄다고 하였다. 리와 기는 두 물건이 아니며, 또한 한 물건도 아니다. 그렇기 때문에 하나이면서 둘이요, 둘이면서 하나이다. 이것이 무은 말이냐면 리와 기는 서로 떨어지지 못하고 묘하게 합쳐진 가운데, 리는 리요 기는 기이다. 비록 리는 리요 기는 기라고 하더라도 리와 기는 함께 뒤섞여 있기 때문에 선후도 없고 떨어지고 만나는 것도 없다. 이것을 두 물건이라고 할 수 없으므로 둘이 아니라고 한 것이다. 그런 까닭에 동정에는 단서가 없고, 음양에는 처음이 없다. 리에 처음이 없으므로 기에도 처음이 없다. 리는 하나일 뿐이다. 리는 '바른 것과 바르지 않은 것', '맑고, 탁한 것'과 '순수한 것과 뒤섞인 것'의 구별이 없다. 하지만 리를 태운 기는 쉬지 않고 오르내리면서 뒤섞여 고르지 못하다. 바른 것이 있는가 하면 치우친 것도 있고, 통하는 것이 있는가 하면 막히는 것도 있다. 맑은 것이 있는가 하면 탁한 것도 있고, 어떤 것은 순수하고, 어떤 것은 잡다하다. 리는 하나이지만 기를 타게 되면 수만 가지로 나누어지게 된다. 이이는 리와 기를 분리하여 보지 않는다. 리와 기는 원래 분리되어 있는 것이 아니고, 합쳐진 때도 없기 때문에 '합'이라고 표현할 수도 없다. 이이는 이러한 상태를 혼륜이라고 설명하였다. 이이는 리와 기를 구분해서 설명하는 이황의 견해에 반대하였다. 특히 리기가 호발한다고 하는 이황의 견해는 리의 무위성에 어긋나기 때문에 인정할 수가 없었다. 이러하기 때문에 "발하는 것은 기요, 발하게 하는 것은 리다"라고 하였다. 이이는 "기가 아니면 발할 수 없고, 리가 아니면 발하게 할 수 없다"라고 한다. 이것은 성인이 다시 태어난다고 하더라도 바꿀 수 없다고 단언하였다.

리는 이미 모든 사람에게 있다. 리는 사람의 본질을 이루는 인성으로 부여되었다. 인성은 마음과 함께 드러난다. 그러므로 리의 실현은 마음과 함께 논의될 수밖에 없다. 여기에서 이이와 이황의 철학적 입장이 갈리게 된다. 이황은 리가 스스로 실현되어야 한다고 하였고, 이이는 리가 마음을 통해서 드러난다고 보았다. 이황에게 리는 인간의 본질을 이루는 도덕적 특성으로 인성을 의미한다. 그것은 양심이라고 할 수 있다. 이황은 인성으로서의 양심이 드러날 수 있도록 자신에 대한 탐구에 집중한다. 이이는 리를 드러낼 수 있는 마음의 움직임을 중시한다. 그렇기 때문에 마음이 온전하게 드러나는 지점에 집중하고 그러한 마음이 유지될 수 있는 방법을 강구한다. 따라서 의지가 중요해진다. 이를 드러낼 수 있는 초기의 마음이 지속될 수 있도록 해야 한다. 그래서 입지가 중요하며, 도달할 수 있는 지향으로서의 목표가 정립되어야 한다. 그 목표가 이이에게는 성인이며 성인이 제시한 규범과 가치였다.

율곡학파가 주장한 혼륜간의 요지는 이렇다. 사람은 하늘로부터 기를 받아 몸으로 삼고, 리를 부여받아 성으로 삼는다. 리와 기가 합쳐져서 심이 된다. 심과 성은 적연하고 감응하여, 움직이면서 서로 교감하며 몸체와 쓰임이 된다. 아직 현상으로 나타나지 않을 때 성은 혼연하고, 현상으로 나타난 다음에는 칠정이 드나들며 쓰임이 된다. 리는 형체가 없으므로 아무것도 할 수 없지만 기는 형체가 있으므로 움직일 수 있다. 움직이는 것은 기이고, 움직이게 하는 것은 리이다. 기가 움직이면 리가 기를 타고 조종한다는 것, 기발리승일도설氣發理乘一途說이 혼륜간을 설명하는 이론이다.

(3) 퇴계학파와 율곡학파의 리기론을 통합하다

이상정은 그동안 퇴계학파와 율곡학파 사이의 분개간과 혼륜간을 둘러싸고 확산되어 왔던 리기론의 논쟁을 정리하고자 하였다. 그가 이런 생각을 하게 된 것은 인간의 본성을 설명하는 리와 기라는 두 가지 개념에 대한 견해 차이에서 빚어진 오해가 커졌기 때문이다. 사람이 상대의 본뜻을 제대로 이해하자면 적극적인 의지를 가지고 노력하여도 힘든 일이다. 하물며 너와 내가 다르다는 것을 전제로 하고 이견을 제시하는 상대를 이해하기란 지극히 어려운 일이다. 이 경우 대개는 오해가 오해를 낳아서 불신이 커지는 것이 다반사이다. 지금까지 퇴계학파와 율곡학파 사이에 전개되어 온 논쟁의 양상이 그러하였다. 더구나 퇴계학파와 율곡학파는 당색이 다르다. 퇴계학파는 영조 때 노론 정권이 성립되고 난 이후 중앙정계 진출이 어려워진 남인이었다. 반면에 율곡학파는 정계의 실세인 서인에서 분파된 노론 세력이었다. 감정의 골이 깊어져서 어찌 보면 적대 세력도 그런 적대 세력이 없었다. 이런 양상이 계속 지속된다면 그 어느 쪽도 이로울 것이 없다는 것이 그의 생각이었다. 이상정은 그간에 전개되었던 학자들의 학설을 정밀하게 검토하고 양측 주장을 완전히 파악하였다. 그가 양측의 학설을 이해하고 종합해 본 결과 그 모범으로 삼았던 것은 이황의 학설이었다.

이상정은 「리기휘편理氣彙編」에서 리와 기의 상관관계를 총체적으로 정리하였다. 이 작업을 통해 그는 리의 선후와 동정動靜의 문제에 대한 자신의 해석을 제시하였다. 그는 리가 무위라고 하는 성리학의 기본적인 개념 규정을 인정하였다. 그러면서 그는 리에 대해서 또 다른 측면을 제시한다. 즉 리는 '하지 않는 듯하면서도 하는 것(無爲而爲)이고, 주재하지 않는 듯하면서도 주재하는 것(不宰而宰)' 이다. 이상정은 리의 무위성을 리의 본질로 인정하면서도 이를 적극적으로 해석하였다.

이상정은 이황의 리기설을 입증하기 위하여 정자와 주자의 설을 인용하여 이렇게 정리하였다. 정자는 "형이상의 것을 도라 하고 형이하의 것을 기라 한다"라고 하였다. 이것은 리와 기가 구별된다는 것을 말한 것이다. 주자는 이 구절을 이렇게 이해하였다. "천지에는 리가 있고 기가 있다. 리가 없다면 만물은 생성될 수 없으며, 기가 없다면 만물은 존재할 수가 없다. 이런 까닭에 사람과 사물이 생겨날 때는 반드시 리를 부여받은 후에 성품이 있고, 기를 부여받은 후에 형체가 있게 된다. 성품과 형체가 한 몸을 벗어나지 않더라도 도와 기 사이의 구별이 분명해서 섞일 수 없다"라고 하였다. 또 리는 각 개체를 움직이는 주체이며, 기는 만물의 형체이다. 리와 기 가운데 어느 한쪽이 없다면 생겨날 수가 없다. 이 두 가지 요소는 함께 있지만 그렇다고 하더라도 분명히 구별된다는 것이다. 리는 천지간에 충만한 보편성을 지니지만 성은 나에게 부여된 구체성을 가진다. 그러나 성이 형상의 기에 내재되어 있다고 하더라도 성은 여전히 보편성과 절대성을 가진다. 성은 형상과 함께 존재하지만 엄연히 구별되므로 섞여서 하나가 될 수는 없다는 것이다. 정자와 주자의 설을 수용한 이황은 리와 기를, "리는 사물에 구애되지 않고 모든 사물에 없는 곳이 없다. 모든 사물은 허하면서 실하며, 없으면서도 있으며, 움직이면서도 움직이지 않고, 고요하면서도 고요하지 않고, 정결하여 털끝만큼도 더할 수도 없고, 감소할 수도 없다"라고 하였다. 결국 리와 기는 구별되지만 떨어질 수 없는 상관관계를 맺고 있는 것이다.

이상정은 "형이상의 리는 신묘하여 헤아릴 수 없고 움직일 때 고요하지 않은 적이 없다. 그런 까닭에 '움직임이 없다' 라고 하였다. 고요할 때는 움직이지 않음이 없다. 그런 까닭에 '고요함이 없다' 라고 하였다. 고요한 가운데 움직임이 있고 움직이는 가운데 고요함이 있으니, 고요하면 움직일 수 있고 움직이면 고요할 수 있다"라고 하였다. 형이하의 기는 구체적인 형상을 가지므로 고요하고, 움직이고, 말하고, 침묵하는 것과 같은 대립적인 측면 한가운데 어느 한쪽에 치우칠 수밖에 없다. 그러나 형이상의 리는 형체가 없으므로 어느 한쪽에 치우치지 않으며 어느 한 사물에 국한되지 않는 초월성 · 절대성을 가지고 있다. 이황은 "리가 기에 내재되어 있지만 또한 기에 구애되지 않는다"라고 말하였다. 리와 기가 항상 공존하지만 그 본질적인 성격은 분별된다고 하였다.

이상정이 퇴계학파와 율곡학파의 성리설을 통합적으로 인식한 관점은 이렇다. 마음은 성과 정을 함께 주재한다. 천지의 리를 얻어 성을 이루고 천지의 기를 받아 신체를 이룬다. 마음과 육신이 존재한다는 것은 분명하다. 분개간은 마음과 육체가 둘이라고 주장한다. 혼륜간은 마음과 육체가 하나라고 주장한다. 우리가 먼저 생각하고 난 후에 행동한다는 관점에서 본다면 분개간이 옳다. 리가 먼저 발하고 기가 따른 것이다. 그러나 어머니가 어린 자식이 물에 빠지는 것을 보고 달려가서 끌어안는 것은 몸이 먼저 반응하고 마음이 따랐다고 보아야 한다. 이런 관점에서 본다면 기가 먼저 움직이고 리가 따랐다고 보아야 할 것이다. 결국 리와 기는 하나이면서 둘이고, 둘이면서 하나로 작용한다고 보아야 한다는 것이다. 이상정은 혼륜간과 분개간의 차이점을 서로 보완적으로 이해하였다. 그의 성리설은 정자 · 주자와 이황의 학설을 종합하여 집대성한 바탕 위에서 율곡학파의 설을 통합한 것이다.

2. 대산종가의 사람들

대산종가에서는 이상정 이후에도 많은 인물들이 배출되었다. 대표적인 인물로는 대산의 동생이 되는 소산 이광정(1714~1789)을 들 수 있다. 이광정은 형 상정과 함께 이재에게 공부를 배웠다. 과거를 보았으나 뜻을 이루지 못하자 일찍 포기하고 자신을 수양하는 데 힘썼다. 후일 유일로 여러 번 벼슬에 천거되었으나 끝내 사양하고 처사로 생을 마감하였다. 이상정이 만년에 임종을 앞두고 찾아오는 손님들과 학문 토론을 할 수 없을 만큼 기력이 쇠한 날은 광정에게 토론을 부탁할 정도였다. 이상정의 아들 간암艮巖 이완李埦(1740~1789)은 1771년(영조 47)에 대과에 합격하여 후릉별검厚陵別檢, 사헌부지평 등의 벼슬을 지냈다. 광정의 아들인 면암俛庵 이우李堣(1739~1811)는 1792년 영남만인소의 소두로서 이 상소운동을 주관하였다. 이 상소는 정조의 부친인 사도세자의 억울한 죽음을 신원하여 달라는 내용이었다. 소암所庵 이병원李秉遠(1774~1840)은 1801년(순조 1) 음직으로 목릉참봉穆陵參奉 · 의금부도사義禁府都事 · 청하현감淸河縣監 · 비안현감比安縣監 등을 지냈다. 이상정의 현손 긍암肯庵 이돈우李敦禹 또한 대과에 합격하여 고종 때 이조참판을 지냈다. 대산종가에서 어떻게 이와 같은 많은 인물들이 배출될 수 있었는지 좀 더 자세히 알아보자.

1) 소산 이광정

이광정은 그의 아들 우가 기록한 가장家狀에 의하면 다음과 같이 기록되어 있다. 이광정의 자는 휴문休文, 호를 소산小山이라 하며, 1714년(숙종 40) 안동부 일직현 소호리에서 출생하였다. 3세 때 모친이 세상을 떠났고, 20세에 지화志和에게로 양자를 갔다고 한다. 이광정은 어려서부터 성품이 단정하고 깨끗하였으며 재주가 남달랐다. 7세 때 공부를 처음 시작하였으나 부지런히 배운 까닭에 사물의 이치를 깨달아 날마다 발전하였다. 이광정은 10세 되던 해 갈라산에 올라서 다음과 같은 시를 지었다고 한다.

예전에 갈라산에 대한 말을 들었는데　　昔聞葛蘿山

오늘 갈라산을 오르니 과연 좋구나. 今上葛蘿好
다른 산들이 비록 높다고 하더라도 他山雖云高
모두 갈라산 아래에 있구나. 皆在葛蘿下

10세 소년이 이와 같은 시를 짓는다는 것이 믿기지 않을 정도이다. 주위의 사람들은 소산이 크게 학문을 이룰 것이라고 하였다. 어느 날 이광정이 셋째 형인 상정과 서실에 마주 앉아 글을 읽는데, 형제가 말다툼을 하는 것 같은 의심이 들어 집안사람들이 자세히 들어보니 모두 글의 뜻을 토론하는 소리였다고 한다.

1728년(영조 4) 이인좌의 난으로 불리는 무신란戊申亂이 일어나자 마을 사람들이 의병을 모집할 것을 의논하는 자리에 이광정의 할아버지 그리고 동네 이장과 어른들이 모였다. 의병을 모집하는 소모소召募所에 이광정이 스스로 찾아와서 "저는 열다섯 살이면 성년이라고 들었습니다. 저는 국법으로 보면 의병에 가담할 수 있는 나이가 되었으니 이름을 모집 장부에 써 주십시오"라고 하였다. 그러자 그 자리에 앉아 있던 모든 사람들이 웃었다고 한다. 이에 이광정은 "당 태종 또한 열여섯에 군병에 응하였는데 저만 어찌 못한다고 하시겠느냐"라고 하였다. 어린 나이였음에도 그의 기백을 엿볼 수 있는 대목이라고 하겠다. 이해에 안동부 금양錦陽에 있는 외할아버지인 이재를 찾아가 학문의 깊이를 더하였다. 당시 이광정은 동향 선배인 강좌江左 권만權萬과 교류하였다. 1735년(영조 11) 증광시와 1740년 동당시에서 실패한 후 다시는 벼슬을 구하지 않았다. 1753년 어사 이득종李得宗이 영남의 인재 3인을 천거하면서 그를 으뜸으로 추천하였으나 이미 벼슬에 뜻을 버린지라 오직 자신을 수양하고 학문 연구에 열중하였다.

이광정은 이황의 학풍을 추모하여 형 상정과 함께 성리학을 공부하였으며 특히 사단칠정의 이치를 강구하는 데 힘썼다. 또 영남지역의 학자인 조명천趙命天·이평중李平仲·조성여趙聖與 등과도 교류하였다. 최흥원崔興遠·최진숙崔進淑·최입부崔立夫·김희주金熙周 등과 서신을 통해 성리학에 대한 토론을 하였다.

1783년 정조가 이광정의 덕행과 학식이 뛰어나다는 이야기를 듣고 온릉참봉溫陵參奉을 제수하였으나 연로하고 병이 들었다는 이유로 사양하였다. 다음 해 다시 동몽교관童蒙敎官의 벼슬을 제수하였다. 1785년 3월 종제 현정顯靖이 옥당으로 들어가서 정조를 만났다. 정조가 이광정과 가까운 친척이냐고 묻고는 '왕세자의 시위와 경호를 맡아보는 세자익위사의 관직을 내리고 싶으니 올라오라' 고 하였다. 현정이 대답하기를 "연로하고 또 병이 있어 천 리 길을 다녀가라는 말을 하기가 어렵습니다"라고 진솔하게 이야기하였다. 그해 5월에 승의랑사포서별제承議郞司圃署別提로 천거되었으나 끝내 사양하고 나가지 않았다고 한다. 문집으로 『소산집』 13권 7책이 있으며 순조 연간에 이병원李秉遠, 이병운李秉運 등의 종손從孫이 중심이 되어 문집을 목판본으로 간행하

소산 이광정의 문집인 『소산집』(한국국학진흥원 소장)

第一條心動靜圖子長之疑不爲無所見但欲以心圈比並於太極第一圈而動靜比之陰陽則有不然者太極第一圈指其不雜乎陰陽之本體而言故挑出在上面其無係畫固也此圖則上置心圈下係動靜則此動靜卽是心之境界非如太極陰陽之有道器之分也故下以一畫分表於動靜而至於坤艮以示苗脈地頭之略有界分而不可亂也正與林隱心學圖先畫心圈自精一以下許多圈子分置左右以示遏欲存理之工各有幾箇地頭去處也曷嘗有自

中形外之疑哉 但雙畫細引原本無之則自當依原本尤爲明白

第二條所答靜雖性之未發而不可以靜爲性之云指意明白援據甚精 非但胡廣仲書論性答橐後七倫 可以破子長之疑而有補於學者矣

第三條心圈裏虛靈知覺字考之退陶本集及印行聖學十圖及退陶答金而精書又自不同本集則左虛而右靈左知而右覺聖學圖及金而精書則右虛而左靈右知而左覺仁義禮智

였다. 목판본의 제목은 『소산선생문집』이다. 이 문집은 1999년에 경인문화사에서 간행한 『한국역대문집총서』 제1020권과 제1021권의 영인본으로 재간행되었다. 유림의 공의로 고산서원에 종향으로 배향되었다.

2) 간암 이완

이완의 자는 치도致道, 호는 간암艮巖이며, 부친은 이상정, 모친은 장수황씨로, 1740년(영조 16) 안동부 일직현 소호리에서 태어났다. 이완은 1771년 사마시에 합격하고 1774년 대과에 합격하였다. 1777년(정조 1) 후릉별검厚陵別檢에 임명되었으나 부임하려 하지 않았다. 그 까닭은 부친이 연로하여 먼 곳에서 관직생활을 해야 한다는 것이 부담이었기 때문이었다고 한다. 뿐만 아니라 그도 아버지처럼 벼슬에 별 뜻이 없었던 듯하다. 이 문제를 부친과 상의하였는데 이상정은 이렇게 말하였다. "내가 나이가 들어 발탁되었으나 관직에 나아가지 않았는데 너마저 벼슬을 받지 않는다면 이는 부자가 임금의 은총을 저버리는 것이다"라고 하면서 임지로 부임할 것을 권하였다. 이완은 부친의 명에 따라 벼슬길에 나갔으나 반년도 못 되어서 사직을 하고 고향으로 돌아왔다. 1789년(정조 13) 정월에 정조가 이상정의 학덕을 기려서 이완을 부교리副校理에 임명하였다. 3월에 음력 삼월 초사흗날에 치렀

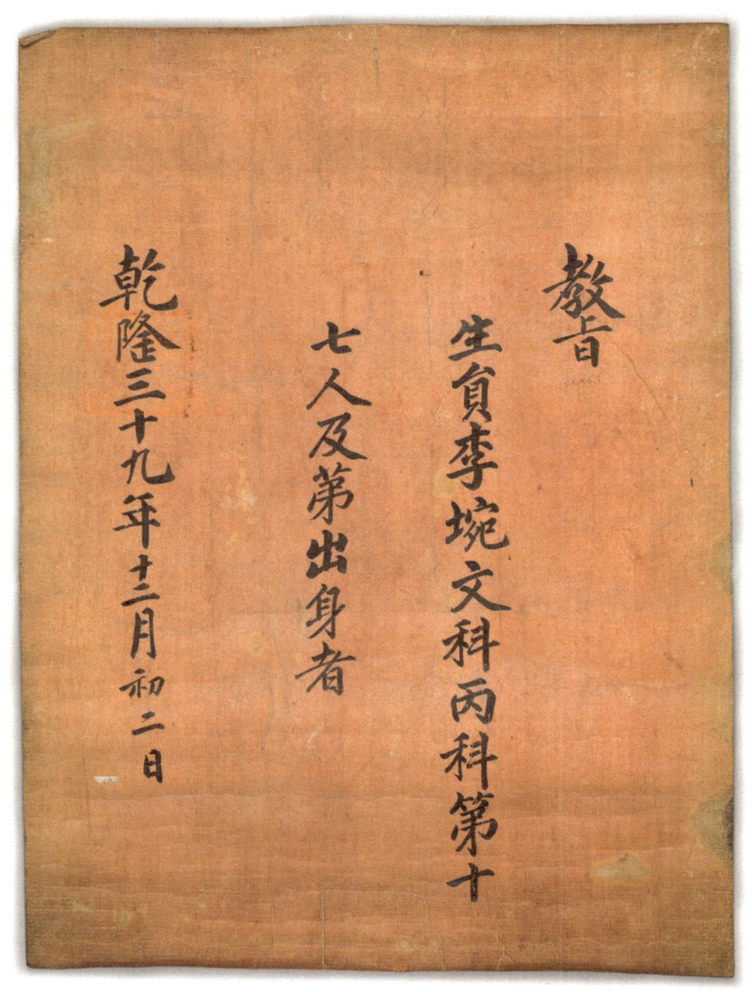

教旨

生員李埦文科丙科第十

七人及第出身者

乾隆三十九年十二月初二日

이완 문과급제 홍패(한국국학진흥원 소장)

던 과거인 삼일제三日製의 대독관對讀官으로 발탁되었다. 대독관은 국왕이 친림하는 과거에 임시로 임명하는 시험관을 말한다. 이완은 삼일제에 차출되었다가 표문表文을 제대로 짓지 못하는 과거급제자를 처리하는 과정에서 대신들과의 의견 차이로 벼슬을 버리고 고향으로 돌아왔다. 정조는 5월에 수찬修撰, 교리校理, 7월에 교리를 제수하는 등 서너 달 사이에 6번이나 이완을 불렀지만 관직에 나가지 않았다. 7월에 기한이 되어도 사은숙배謝恩肅拜를 하지 않아 옥에 구금되는 처지가 되고 말았다. 하지만 정조의 특명으로 방면되었고, 이어 다시 벼슬을 내렸으나 끝내 관직에 나가지 않았다.

이완은 정조가 선친인 이상정을 만나보지 못한 아쉬움에서 자신을 홍문관부교리에 임명하자 「홍문관부교리를 사직하는 상소문」을 제출하였다. 그는 이 상소문에서 '자신은 벼슬에 뜻이 없었고, 자질이 천박하고 학문이 거칠어 조정에 누를 끼치고 사방에 웃음거리가 될 것' 이라고 하였다. 이러한 사직의 이유는 관직에 나가는 것이 유일한 출셋길이었던 당시 사회에서 쉽지 않은 일이었다. 아마도 자신을 돌아보는 학문을 깊이 체득하였던 사람들은 이 시기 중앙정계의 모습에서 환멸을 느꼈을 지도 모른다. 정치권은 민생을 외면하고 사색당파로 나뉘어 대립과 반목을 계속하고 있었다. 조선 후기에는 당색이 다르면 서로 친하게 지낼 수가 없었다. 뿐만 아니라 학문의 세계에 있어서도 당색은 여전히 유효한 것이어서 당색이 다르면 학설도 달랐다. 그런 까닭에 상복 문제로 당파 간에 대립을 하다가 많은 사람이 목숨을 잃는 사태가 발생하기도 하였다. 이러한 상황에서 중앙에서 벼슬을 한다는 사실 자체가 곤혹스러운 일이었다. 그런 까닭에 대산과 그의 아들 이완은 벼슬이 내려질 때마다 사직 상소를 올렸고, 관직에 나가지 않으려 하였다. 국왕으로부터 내려지는 잦은 관직의 제수를 매번 거절할 수 없어서 부임을 하였을 때는 민생을 돌보는 일에 혼신의 힘을 다하였다. 이완은 대산의 제자들 가운데 출중한 면모를 보여 호문삼로湖門三老라고 불렸던 후산后山 이종수李宗洙·동암東巖 류장원柳長源·천사川沙 김종덕金宗德 등과 교류하였다. 이완은 이들과 자주 만나고 때론 서신을 통하여 성리학에 대한 깊이 있는 토론을 전개하기도 하였다.

이완은 효성이 지극하여 부모를 극진히 모셨다. 부모가 병이 났을 때는 의관을 벗지 않고 밤낮으로 간호하였고, 음식과 수저를 놓는 일 같은 것은 다른 사람을 시키지 않았다고 한다. 부친이 세상을 떠나자 많은 분량의 글들을 하나하나 모아서 정성들여 한 자씩 써서 일 년 만에 두 질을 만들었다. 이완이 정리한 대산의 유고는 모두 70여 편이나 되었다고 한다. 나아가서 부친의 언행과 선조들의 공덕을 드러낼 수 있는 기록들을 추모하는 마음으로 손수 정리하여 『통모록痛慕錄』이라고 이름하였다. 이완은 숙부인 이광정 또한 부친처럼 극진히 모셨다고 한다. 아침과 저녁으로 문안을 드리고 맛있는 음식이 있으면 먼저 드렸다. 집안의 크고 작은 일을 모두 소상하게 말씀드렸고, 공부를 하다가 의심나는 부분이 있으면 찾아가 여쭈었다.

3) 면암 이우

이우의 자는 치춘穉春이며, 호는 면암俛庵이다. 아버지는 이광정이고, 모친은 의성김씨로 학봉鶴峯 김성일金誠一의 후손이다. 1739년(영조 15) 1월 20일 안동부 일직현 소호리에서 출생하였다. 그는 성품이 단정하고 고결하여 농담을 좋아하지 않았고, 기쁜 마음으로 선배들을 따르고 어른들을 모셨다고 한다. 이우는 공부를 하는 데는 총명하고 민첩하여 배운 것을 오래도록 잘 기억하였다고 한다. 열 살 무렵에 벌써 배우는 것을 번거롭게 여기지 않았고 붓을 잡고 장편의 논설을 지었다고 한다. 열네다섯 살에는 『강목綱目』을 보았고 역사책이 가슴속에 모두 담겨 있는 듯하였다고 한다. 뿐만 아니라 『육도삼략六韜三略』과 같은 병서에도 통달하였다고 한다. 옛 성城과 유적지를 방문할 때마다 지휘소에 올라가 그 당시 사건의 추이와 쌍방 간의 역량, 그리고 범위가 어떠하였는지를 그려 보았다고 한다. 1756년(영조 32) 안동부 관내에 기근이 들어 장례와 제사를 모시기에도 사정이 어려웠다. 이우는 당시의 힘든 상황을 눈물을 흘리면서 기록으로 남겨 후세에

거울로 삼았고, 종신토록 자신을 경계하였다고 한다.

영조가 등극하고 노론 정권이 성립한 이후에 영남 남인들은 정계에서 소외되어 벼슬길에 나가는 것이 쉽지 않았다. 왜냐하면 노론이 정조의 아버지인 사도세자를 죽음으로 내몰 때 반발한 세력이 남인이었기 때문이었다. 정조는 집권한 후 노론 세력을 견제하고 돌아가신 아버지의 한을 풀기 위해 영남 남인들을 등용하고자 하였다. 정조의 이러한 심중은 도산별시陶山別試로 나타난다. 도산별시는 퇴계의 학덕을 기리기 위해 퇴계 사후 222년이 지난 1792년(정조 16) 3월에 도산서원에서 실시한 특별과거시험을 말한다. 이 과거시험은 예상외로 성황을 이루어 응시자가 7,228명이었고, 답안지를 제출한 유생들의 숫자는 3,632명이었다고 한다.

영남의 남인들은 이러한 정조의 뜻에 보답하기 위해 그해 4월 사도세자思悼世子의 죽음이 억울하니 신원을 해 달라는 상소문을 올리게 된다. 영남 남인들은 그간에 여러 번 상소를 올렸지만, 노론 세력이 번번이 임금에게 이 상소문을 올리지 않고 중간에서 차단하였다. 영남 남인들은 '만인의 뜻은 천하의 뜻' 이라는 명분을 내세워 영남 유생 1만여 명의 서명을 받아 제출하였다. 이른바 '영남만인소嶺南萬人疏' 라는 것이다. 조선시대에 몇 차례의 '영남만인소' 가 올려진다. 첫 번째는 이우가 상소의 우두머리인 소두가 되어 올린 만인소이다. 이 상소문 같은 해에 두 차례 올려지게 되는데 1792년 1차 상소문에 서명한 사람은 10,057명이고,

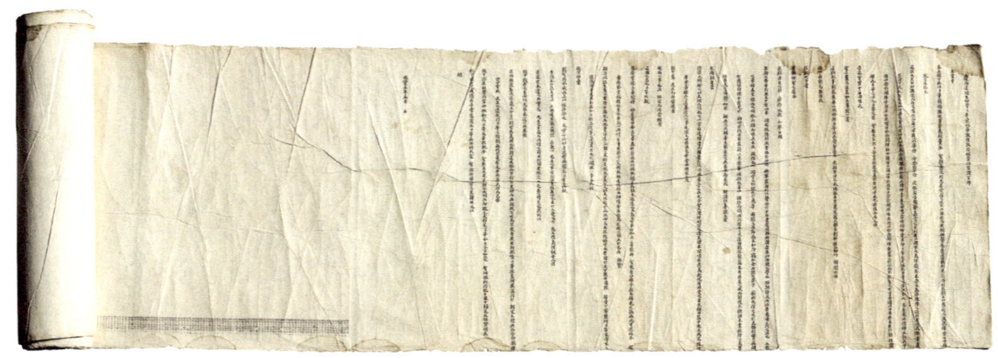

사도세자를 추존해 달라는 영남만인소(한국국학진흥원 소장)

2차 상소문에 서명한 유생은 10,368명이었다. 두 번째 '영남만인소'는 1855년(철종 6)에 단행되었으며, 그 내용은 사도세자를 국왕으로 추존해 달라는 것이었다. 이 상소문은 퇴계의 후손이었던 이휘병李彙炳이 소두가 되었으며, 서명한 유생은 10,027명이었다. 세 번째 만인소는 우리가 잘 알고 있는 개항 이후 외세를 배격하는 '척사만인소斥邪萬人疏'로, 소두는 이휘병의 아들인 이만손이었다. 이 상소문에 서명한 사람의 숫자는 정확하게 파악이 안 되지만 사안으로 미루어 보아 1만 명은 넘었을 것으로 추정된다. 네 번째 만인소는 1894년(고종 31) 갑오개혁으로 단행된 복제개혁에 대한 내용을 취소하여 달라는 상소문이다.

이우는 영남만인소의 소두가 되었다. 소두는 지역 유생들의 신망을 얻어야 하는 것이지만 위험 부담도 큰 역할이었다. 왜냐하면 국가 시책을 시정하라는 내용이 담겨 있기 때문에 때로는 목숨을 바칠 각오가 되어 있어야만 맡을 수 있었다. 이우가 소두로 추대되었다는 사실은 그의 학문과 덕행이 지역사회에서 신망을 얻고 있었음을 뜻한다. 이 상소문은 사안과 서명한 유생들의 숫자로 보아 제아무리 노론이라고 하더라도 국왕에게 올리지 않을 수 없었다. 영남 남인들은 사도세자의 억울한 누명을 벗겨 달라는 이 상소를 통해서 중앙정계에 진출을 꾀하고자 하는 의도가 있었다. 왜냐하면 정조는 사도세자의 뒤를 이은 것이 아니고 효장세자의 후사를 이어서 등극하였는데, 등극 후 정조는 "나는 사도세자의 아들이다"라고 하였기 때문이다. 영남 남인들은 이 말이 아버지를 신원시키고자 하는 자식의 염원이 담긴 것이라고 보았던 것이다. 당시 정계에서 소외되어 있던 영남 남인은 정조의 속내를 풀어 줄 수 있는 이런 역할을 자임하고 나섰던 것으로 보인다.

사도세자는 1762년(영조 38) 노론과 소론의 정쟁에 휘말려 억울하게 죽음을 당하였다. 그 내막을 간략하게 소개하면 이렇다. 사도세자는 영조의 둘째 아들이었다. 첫째 아들 효장세자孝章世子는 일찍 요절하여 둘째 아들인 장헌세자莊獻世子, 곧 사도세자가 일찍 세자로 책봉되었다. 1749년 영조는 사도세자로 하여금 대리청정을 할 것을 명한다. 사도세자는 대리청정을 하기 전까지는 영조와 비록 성격상의 차이가 있기는 하였지만 효심과 우애가 두터웠다. 그리고 세자로서의 도량과 덕을 겸비하여 영조로부터 칭찬을 받기도 하였다. 그런데 대리청정을 하고 난 이후부터는 행동에 형평을 잃고, 비정상적인 성격이 나타났다. 세자의 이런 모습은 영조로 하여금 세자에게 국정을 맡길 수 없다는 생각을 들게 하였다. 사태가 이렇게 되자 세자는 영조를 몹시 무서워하게 되었다. 이들 부자간의 갈등이 드러난 것은 영조가 병석에 있을 때 신하들이 세자에게 약을 권하도록 종용하였으나 세자가 이를 거절한 일에서 벌어졌다. 세자는 영조의 노여움을 사게 되었고, 세자를 보필하던 소론의 영수 이종성李宗城이 탄핵을 받아 조정에서 물러나게 되었다.

사도세자를 죽음으로 내몰게 된 결정적인 사건은 1761년(영조 37)에 영조 모르게 관서지방을 유람하고 돌아온 것에서 비롯되었다. 노론 윤재겸尹在謙 등은 상소문에서 세자의 행동이 체통에서 벗어났다고 주장하였다. 영조는 세자의 관서지방 유람에 관련된 자들을 모두 파직시켰다. 사도세자를 죽게 만든 또 다른 사건은 1762년 5월에 세자의 실덕과 비행을 고발하는 나경언羅景彦의 고변사건과 문소의文昭儀가 꾸민 부자간의 이간책 등의 사건이었다. 이러한 일련의 일들 때문에 영조는 세자에게 자결을 명하였으나 세자가 듣지 않자, 세자를 폐서인시키고 뒤주에 가두어 죽게 하였다. 우리는 이 사건을 임오화변壬午禍變이라고 한다. 영조가 뒤에 이를 후회하고 세자를 애도한다는 뜻의 사도思悼라는 시호를 내린 것으로 볼 때 부자간의 갈등은 노소론의 당쟁에서 비롯된 것임을 짐작할 수 있다. 다시 말하자면 남인·소론 세력이 영조와 정치적 견해를 달리하는 세자를 내세워 노론 정권을 전복시키려다가 실패한 사건으로 보인다.

사도세자는 이렇게 세상을 떠났고 그의 아들 정조는 조정 내에서 수많은 암살 위기를 넘기고 등극하였다. 아버지에 대한 정조의 그리움을 영남 남인들이 만인소를 올려 풀어 주려 하였다. 이 상소문을 접한 정조는 소두인 이우를 불러 상소문을 본인이 직접 읽게 하였다. 이우가 상소를 읽는 동안 정조는 울음을 겨우 참으면서 경청하였다고 한다. 그렇지만 정조는 이 일이 비록 자신의 아버지에 관한 것이지만 사사로운 감정으로 국정을 함부로 할 수 없다고 생각하였다. 그래서 이우를 비롯한 영남 유생들을 설득하여 안동으로 내려가서 기다리고 있으라고 하였다. 영남 남인들은 정조의 이러한 신중론에 동의할 수 없었다. 그래서 1차 상소가 있은 지 열흘 뒤에 10,368명이 서명한 2차 상소를 다시 올리게 되었다. 2차 상소문에는 1차보다도 더 강경한 어조로 사도세자의 신원 문제 해결을 주장하였다. 그러나 정조는 김한동과 이우 등 주도자들을 불러 고향으로 돌아갈 것을 간곡하게 설득하였다. 정조의 설득에 따라 3차 상소를 준비하던 이들은 귀향하였다. 사도세자 신원상소는 이렇게 끝이 났지만, 영조 때 사도세자를 죽음으로 내몰았던 임오화변의 본질이 남인과 소론에게 모든 책임이 있는 것이 아니라는 사실을 부각시켰다는 점에서 의미가 있다. 그리고 노론 시파 가운데 이병모, 서유린 등 일부 사람들이 동조하였으며, 이조참판 김희는 이우를 참봉에 천거하기까지 하였다.

그러나 이 영남만인소 사건이 있은 지 8년 후인 1800년, 정조가 세상을 떠나고 순조가 즉위하자 이우는 고금도로 유배당하게 된다. 이후 이우는 큰아버지인 대산 이상정의 문집을 편찬하는 데 열중하여 1802년(순조 2)에 52권 27책으로 『대산선생문집』을 간행하였다.

4) 면재 이병운

이병운李秉運(1766~1841)의 자는 제가際可이며, 호는 면재俛齋이다. 부친은 홍문관교리를 지낸 이완이며, 모친은 여강이씨驪江李氏로 군수를 지낸 범중範中의 딸이다. 부인은 김성익金聖益의 딸 강릉김씨江陵金氏이다. 이병운은 할아버지인 이상정에게 수학하였으며 1781년(정조 5) 이상정의 제자인 김종덕의 문하에 들어가 그의 제자가 되었다. 젊은 시절부터 과거시험을 준비하였던 이병운은 지방 향시에는 여러 번 합격하였으나 대과에는 번번이 실패하였다. 1796년(정조 20) 별시를 보러 한양으로 올라갔던 그는 과거시험장에 들어갔으나 중도에 포기하고 나왔다고 한다. 그에게 벼슬길에 열린 것은 1797년 음서로 혜릉참봉惠陵參奉에 제수되면서부터였다. 그 후 감역監役, 사포司圃, 별제別堤, 감찰監察, 영릉전령永陵殿令 등의 관직을 역임하였다.

이병운의 문집을 살펴보면 그 첫머리에 고산서원 강당을 완성하고 나서 이미 고인이 된 할아버지의 시에 차운한 시가 실려 있다. 그 내용은 자연을 벗 삼아 욕심 없이 초연하게 살아가는 노인의 삶을 노래한 것이다. 이병운은 자신의 삶 가운데 많은 부분을 할아버지를 추모하는 일에 바쳤다. 1801년 순조가 즉위하자 사직하고 고향에 돌아가 지내다가 1808년(순조 8) 영희전령永禧殿令에 임명되었다가 함창현감咸昌縣監이 되었다. 함창현은 작은 고을이지만 문경을 거쳐 상주와 대구에 이르는 길목이어서 부역이 매우 많았다. 함창현감으로 부임한 이병운은 오래 누적된 폐단을 개선하여 백성들의 생활을 시정하려고 노력하였다. 그가 부임한 지 석 달 뒤에 임금으로부터 백관과 고을 수령에게 국가 운영의 도리를 개진하라는 지시가 내려졌다. 이병운은 함창 백성들의 고통과 해결 방안에 대하여 상소문을 올렸다. 이 상소문에서 그는 군역의 과중한 부담 및 호구의 허수와 그에 따른 세금 부담의 문제점 등을 자세하게 진술하였다.

스승 김종덕에게는 주자의 『사서혹문四書或問』 가운데 의심나는 부분을 질문한다는 내용의 편지를 보내기도 하였다. 뿐만

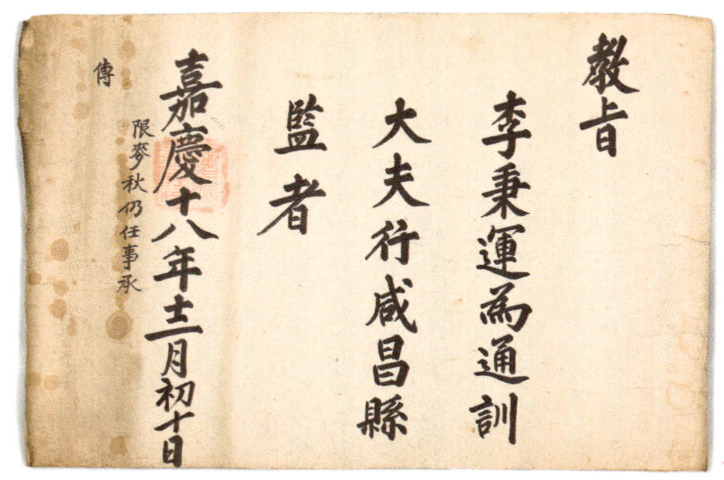

教旨
李秉運爲通訓
大夫行咸昌縣
監者
嘉慶十八年十二月初十日
限麥秋仍任事承
傳

이병운 함창현감 임명 교지(한국국학진흥원 소장)

아니라 국왕의 명을 받아서 늙으신 어머님을 봉양하기 위해 벼슬길에 나오기는 하였으나, 자신의 체질과는 맞지 않는다는 고민을 토로하고 있다. 또 자신이 종신토록 지니고 다닐 교훈을 내려 달라는 부탁을 하고 있다. 그리고 고금도에 유배가 있던 종숙부인 이우를 만나고 왔다는 내용도 전하고 있다. 이처럼 이병운은 스승과 긴밀한 관계를 유지하면서 학문적인 의문에서부터 자신의 신변 이야기까지 전하고 있다. 그의 이러한 모습은 스승에 대한 존경심과 강한 신뢰감을 느낄 수 있다.

그리고 당시 한양에서 벼슬하던 동생 병원에게 보낸 편지에는 다음과 같은 내용이 담겨 있다. 도내에서 벌어지고 있는 상소에 관한 일은 수십 년간이나 지속된 것이지만 시대와 운명의 한계가 있는 일이라서 성공을 장담할 수 없으니 조만간에 어떤 일이 있으면 여러 동료들과 상의하여 신중하게 처신하라고 당부하였다.

1796년 과거시험을 보러 갔던 이병운은 중도에 포기하고 나와서 금강산 유람을 떠났다. 이때 쓴 일기가 『동정일기東征日記』이다. 그가 금강산 여행을 떠날 수 있었던 것은 할아버지의 제자이면서 사돈이었던 류범휴柳範休가 고성군수로 있었기 때문이었다. 그는 2월 8일 길을 나선 뒤 동소문을 나가서 수유리를 지나 포천, 금화, 회양을 거쳐 금강산으로 가는 행로를 택하였다. 12일에 단발령을 지나 금강산 신원점에 도착한 일행은 장안사 · 정양사 · 비로봉 · 표훈사 · 명경대 등 내금강 일대를 유람하였다. 도중에 류범휴가 병환 중이라는 말을 듣고 급하게 고성 관아를 찾아갔다. 여기서 그는 류범휴와 그의 누이동생을 만났다. 이후 며칠 동안 해삼정 · 삼일포 · 총석정 등 해금강 일대를 돌아보았다. 그다음에는 신계사를 시작으로 구룡연 · 옥류동 · 비룡곡 · 유점사 · 장안사 · 만폭동 · 마하연 · 묘길상 등 여러 명소를 두루 돌아보았다. 그러고 나서 동해안을 따라 영랑호 · 청간정 · 의상대 · 경포대 등을 돌아 고향집에 도착한 것이 3월 21일이었다고 한다. 그는 41일 동안 금강산과 동해안의 절경지를 유람하였다.

과거를 포기하고 고향으로 돌아온 이병운은 1818년 음직으로 경기전령慶基殿令이 되었고, 1820년에는 청안현령淸安縣令으로 부임하였다. 1822년 모친상을 당하여 벼슬을 사직하고 고향으로 돌아와 삼년상을 치렀다. 이후 그는 더 이상 벼슬길에 나가지 않고 향리에서 수신과 조상들을 현창하는 데 힘썼다. 1841년 86세를 일기로 사망하였다.

5) 소암 이병원

이병원의 자는 신가愼可이고, 호는 소암所庵이다. 부친은 이완이고, 모친은 여강이씨로, 병운의 동생이다. 부인은 묵헌默軒 이만운李萬運의 딸로 광주이씨廣州李氏이다. 일찍이 형과 함께 조부인 이상정에게 수학하였으며 조부가 사망한 이후에는 김종덕의 문하에서 수학하였다. 증손 찬도贊燾는 『소암선생문집所庵先生文集』을 1904년(광무 8)에 간행하였다. 척암 김도화가 쓴 문집의 서문을 살펴보면 이병원은 재주가 뛰어났으면서도 항상 낮은 자세로 공덕을 쌓기에 힘썼다고 한다. 그는 넓은 식견을 가졌지만 늘 부족한 듯이 먼저 움직이고, 공부하는 것에 힘을 쏟았다.

이병원은 성리학에 깊은 조예가 있었다. 그의 문집에 『중용』의 마음에 출입이 없다는 변증(心無出入辨證)에서 공자와 정자의 마음에 대한 해석의 차이를 이렇게 해명하였다. 공자는 마음의 출입이 있다고 하였다. 그런데 정자는 마음이 어찌 출입이 있을 수 있겠느냐고 하였다. 이것은 공자와 정자의 설이 같지 않다는 것이다. 이와 같이 공자와 정자의 주장이 다른 것에 대하여 이병원은 이렇게 설명한다. 어찌 정자가 공자의 견해에 어긋나는 설을 표명하였겠는가. '공자와 정자의 설은 모두 다른 것이 없다'는 뜻이라고 하였다. 주자는 이렇게 말하였다. 공자는 마음을 잡고 놓고, 있고 없고, 들어가고 나가는 것이 일정한 때가 없다고 말하였다. 이것은 사람 마음 상태를 일일이 붙잡기는 어려운 것이니 그 어떤 사물이라도 이미 놓아 버렸다고 하면 이 논의는 할 필요가 없다. 마음의 본체는 조사존망操舍存亡(잡고, 놓고, 있고, 없고) 이 네 글자가 본체와 처음과 끝 그리고 진실되고 망령된 것과 삿되고 바른 것을 갖추고 있지 않음이 없다는 것이다. 공자의 말은 곧바로 마음을 가리키는 것이니, 삿되고 바른 것을 포함해서 들어가고 나가는 것을 바로 말한 것이다. 정자는 다음과 같이 말하였다. "마음이 어찌 출입이 있겠느냐"라고 한 것은 공자 말과 다른 것 같지만, 잡고 놓는 것으로 말하였다는 뜻이다. 주자는 정자의 이 말을 이렇게 해석하였다. 마음은 커서 밖이라고 말할 것이 없으니 들어가고 나간다고 표현할 수 없다. 퇴계는 마음은 출입의 물음이 있을 수 있다고 하였다. 상채上蔡(북송의 유학자 사양좌를 말함)는 "마음은 안과 밖, 멀고 가까움, 정밀하고 조잡함이 없고, 한 사람의 마음은 천지의 마음이다. 어찌 출입할 곳이 있겠는가?" 라고 하였다. 그러니까 결국 정자의 설은 공자의 설과 같은 것이라고 해명하였다.

이병원은 '마음은 들어가고 나가는 것이 없다' 는 것에 대해서 비속한 설은 이렇게 말하였다고 한다. '공자가 마음을 일러 들어가고 나가는 데 때가 없다고 한 것은 대개 없다는 것을 나갔다는 뜻으로 이해하고, 체용體用(원리와 응용)과 시작과 끝, 진실과 망령됨, 삿된 것과 정도를 포괄해서 말한 것' 이라고 하였다. 정자는 이러한 점을 생각한 뒤에 말하였다고 보았다. 학자들은 그 뜻을 제대로 이해하지 못하고 그 말을 수용하여 심체心體(마음과 몸)를 잘못 이해하였다. 그런 까닭에 분개分開와 사정邪正을 초월해서 말하자면 이렇다. "마음이 어찌 사물을 따라서 출입하는 것이 가능하겠는가?" 라고 하는 것은 마음이 출입하는 것이 없다는 것을 말하고자 함이다. 마음의 본체는 일신一身을 주재하기에 충분하고, 만고에 만물의 변화와 쓰임을 통솔할 수 있다. 우주를 통제할 수 있는 것이 마음에 있으니 마음에 응할 수 있는 것이 무엇이 있겠는가. 들어가고 나가는 것은 모두 내면을 살피는 것이나 무엇을 말할 수 있겠는가. 들어가고 나가는 것 이것은 마음 원리의 바른 것을 말한 것이니 이러한 현상을 일러 사물에 따라서 반응한다는 것은 무엇 때문인가. 공자와 정자가 말한 것은 분명한 목적지를 상정하고 한 말이 아니다. 그러므로 들고 나는 데에 때가 없다는 정자의 말을 어떻게 마음의 출입이 있다고 한 공자의 말에 가져다 붙일 수 있겠는가. 이러한 설에 대하여 이병원은 이렇게 말한다. "정자가 (마음을) 놓아 버리고 없다고 한 것은 생각하지 않아도 마음이 있다는 것을 알고 한 말이다. 그렇기 때문에 '마음이 어찌 출입이 있을 수 있으며, 붙잡고 놓을 수 있단 말이냐' 라고 한 것이다. 정자의 말은 대체로 이런 류의 말이 많은데, 마치 도로써 말하자면 '때에 맞지 않은 것이 없다' 는 것을 일로써 말하자면 '맞으면 때가 되었다' 는 뜻이다. '이것을 심체로 말하자면 들어가고 나가는 데 때가 없다는 것이고, 잡고 놓는 것으로 말하자면 들어가고 나가는 데 때가 있다는 말이다.'" 이처럼 이병원의 주장은 명쾌하고 분명하였으며 글 또한 논리적이고 합리적이었다.

6) 긍암 이돈우

이돈우(1808~1884)의 자는 시능始能이며, 호는 긍암肯庵이다. 부친은 이수응李秀應이고, 모친은 안동권씨로 생원 권의도權義度의 딸이다. 그의 호 긍암은 선조의 유업을 계승한다는 뜻이 담겨 있다. 그는 1808년 안동부 일직현 소호리 가정柯亭에서 태어났다. 그는 어려서 자질이 남다르고 기골이 빼어났는데, 하루는 증숙조인 이우가 손금을 보고는 "이 아이는 반드시 문필로 세상에 이름을 떨칠 것이다"라고 하였다고 한다. 5세에 할아버지인 병운에게 글을 배우기 시작하였다. 8세에 『십구사十九史』를 배우고 10세 때 『소학』을 배워 학문의 기초를 닦았다. 12세에 『대학』을 배웠으며, 14세에 『맹자』를 읽고, 18세에 『중용』을 읽었다. 21세에 큰아버지를 따라 동당시를 보러 갔다. 22세에 작은 할아버지인 병원에게 『심경』을 배웠다. 24세 때 대과에 응시했으나 낙방하여 이듬해 할아버지의 명으로 류치명의 문하에 들어갔다. 30세 때 작은 할아버지 병원을 따라 한양으로 가서 그곳 인사들과 교류하였다. 도성에 거처하면서 유자儒者의 고아한 본색을 잃지 않아 지우知友들이 모두 공경하고 각별하게 생각하였다고 한다. 41세 때 고산서원에서 『대산선생실기』의 간행을 감독하였다. 44세 때인 1850년(철종 1) 2월 증광시에 급제하여 5월에 가주서假注書가 되었고 8월 권지승문원부정자가 되었다. 이듬해 병으로 고향에 돌아왔다. 48세에는 『주자연보』를 가려 뽑았고 『가학집요家學輯要』를 편찬하였다. 50세 되던 해 봄 호계서원虎溪書院에서 강회를 베풀었다. 52세 때 류치명에게 올리는 편지에서 『중용』 27장의 의심난 부분을 논하기도 하였다. 55세 때 행 홍문관부교리지제교겸 경연시독관춘추관기주관行弘文館副校理知製敎兼經筵侍讀官春秋館記注官에 제수되었다. 63세 때 사복시정司僕寺正에 제수되고 이어서 춘추관을 겸하여 태백산에 들어가 사각史閣을 감수하였으며 곧 사헌부집의에 제수되었다. 그 후에도 남학교수南學敎授, 형조참의, 승정원동부승지 등을 거쳐 76세 때 이조참판에 제수되었다.

이돈우는 후진교육에 많은 관심을 가지고 73세 때는 고산서당, 74세 때는 고운사孤雲寺, 75세 때는 임천臨川 등에서 후학들과 강론의 시간을 가졌다. 75세 때 성재性齋 허전許傳에게 대산 이상정의 시장諡狀을 부탁하였다. 이듬해 1864년(고종 1) 사헌부지평과 사간원에 제수되었으나 모두 나아가지 않았다. 같은 해 용담사龍潭寺에서 『정재집定齋集』 간행을 주관하였다. 이듬해 구담서당龜潭書堂에서 『태극도설太極圖說』을 강론하였으며 여름에 병이 나 11월에 세상을 떠났다. 묘소는 본래 의성현義城縣 북쪽에 있는 화곡禾谷 간좌艮坐의 언덕에 있다가 1902년 고암高巖 호미虎尾 임좌壬坐의 언덕으로 이장하였다.

이돈우의 문집 『긍암선생문집肯庵先生文集』은 목판본으로 20권 4책, 부록 2권 1책이 전한다. 『긍암선생문집』은 1999년 경인문화사에서 발간한 『한국역대문집총서』 제1689권부터 제1672권으로 영인되었다. 그의 문집 가운데 58세 무렵에 쓴 편지 「여강난형서與姜蘭馨書」에서는 인의예지는 성性 가운데에서 나온다는 의심을 논하였다. 그리고 「답윤사선최식答尹士善最植」에서는 태극의 의심난 부분을 논하였다. 59세에 「태극도설」, 「음양오행」, 「사칠동이변四七同異辨」 등에 관한 『호상문답湖上問答』을 저술하였다. 기타 「용학이동조변庸學異同條辨」, 「예의변답禮疑辨答」, 「리기무한량설理氣無限量說」, 「리기체용설理氣體用說」 등의 논설이 있다. 이돈우의 성리학에 관한 견해를 엿볼 수 있는 글은 권6, 권7의 잡저

이돈우 서재 현판인 긍암(한국국학진흥원 소장)

雜著에 실려 있는 「성정선후설性情先後說」과 「심경찬도心經贊圖」이다. 이 글에서 그는 퇴계로부터 가깝게는 고조부인 이상정과 그의 스승 류치명에게 이르기까지 영남학파의 성리학에 대한 이해와 관점이 반영된 견해를 표명하고 있다. 『긍암선생문집肯庵先生文集』은 일제강점기인 1934년에 발간되었다.

대산종가의 인물들은 여기서 언급한 여섯 명의 인물 외에도 수많은 사람들이 있지만 제한된 지면 때문에 모두 소개할 수 없다. 대산의 학문은 이처럼 후손들에 의해서 이어지기도 하였지만 제자들에 의해 계승되기도 하였다. 이상정은 많은 제자들과 학문을 토론하고 일구어 나갔다. 그의 제자들의 명부가 수록된 『고산급문록高山及門錄』에 기록된 인물 숫자만 279명에 이른다. 이상정의 제자들 가운데 특히 두드러진 세 사람 이종수·류장원·김종덕을 비롯하여 류범휴·류건휴·류휘문柳徽文·류정문柳鼎文 등 전주류씨 문중의 제자들이 눈에 띈다. 이상정의 학문적인 영향을 받은 사람 가운데서 빼놓을 수 없는 사람은 외증손자인 정재 류치명이다. 류치명은 대산의 학문을 '호학湖學'이라고 이름 지었다. '호학'이란 안동 소호리를 중심으로 학술활동을 전개한 이상정의 학문과 학맥을 가리키는 말로, 대산의 학문이 호숫가인 소호리에서 이루어졌기 때문에 그렇게 이름을 지은 듯하다. 류치명은 1845년 대산의 행적을 『대산실기大山實記』 10권 5책으로 편찬하였고, 류치명의 문인 류치엄柳致儼은 『호학집성湖學輯成』을 완성하였다. 『호학집성』은 이상정의 저술 가운데서 중요한 구절을 뽑아서 8권 2책으로 편집한 필사본이다. 류치명은 『호학집성』의 서문에서 "이종사촌 동생 류치엄이 외증조할아버지 대산 이상정 선생이 친구와 문인에게 보낸 왕복서간 및 잡저와 실기를 모아서 『근사록近思錄』의 편목을 모방하여 8권으로 만들고 그 표지에 『호학집성』이라 이름을 붙였다"라고 밝혔다.

『근사록』은 주자와 여조겸呂祖謙이 함께 엮은 책으로 송대 리학가理學家인 주돈이周敦頤·정호程顥·정이程頤·장재張載 네 명의 어록 가운데서 중요한 것을 뽑아 편찬한 것이다. 사람들이 일상생활에서 부딪치는 문제들로 구성되어 있다. 총 14권의 구체적인 목차를 보면 다음과 같다. 목차는 '도체道體 · 위학爲學 · 치지致知 · 존양存養 · 극기克己 · 가도家道 · 출처出處 · 치체治體 · 치법治法 · 정사政事 · 교학教學 · 경계警戒 · 변이단辨異端 · 관성현觀聖賢' 등이다. 성리학은 우주와 인간의 본질을 철학적으로 규명하고 있으나 근본적인 목적은 인간의 실천적인 윤리 문제를 밝히는 데 있다. 그런 까닭에 『근사록』도 성선설性善說의 관점에서 인간의 존엄성과 평등성을 밝히고 완성된 인격으로서의 성인聖人을 이루는 데 목적을 두고 있다. 『근사록』은 주자학이 형성되는 데 큰 영향을 준 네 사람의 글을 싣고 있기 때문에 주자학의 형성 과정을 이해하는 데 중요한 책이다.

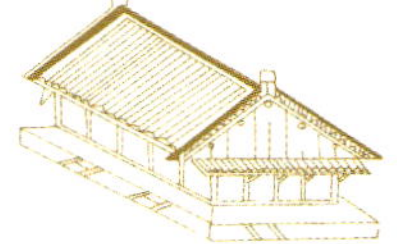

제3장 대산종가의 문적들

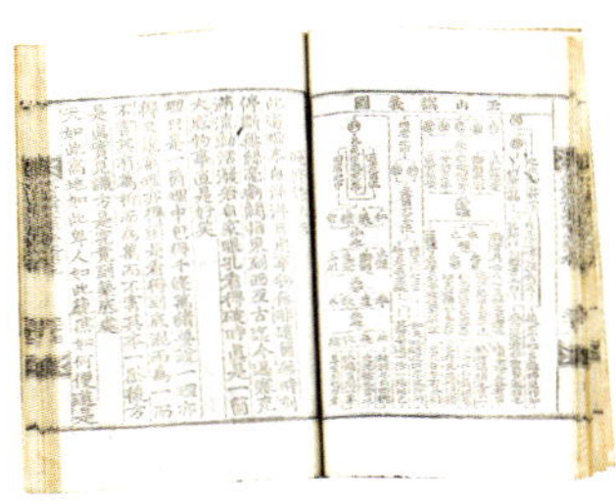

대산종가에는 오랜 세월의 연륜만큼 선대로부터 소중하게 전해 오는 손때가 묻은 많은 문적들이 있다. 그 오랜 세월 동안 선조들의 문적을 잘 보존할 수 있었던 것은 종가의 주인들이 마치 조상님을 모시듯이 귀하게 여기고 잘 관리해 온 덕분이다. 대산종가에서 지켜 오던 유물들은 주로 고서, 고문서, 목판, 현판 그리고 서화류들이다. 앞서 살펴보았듯이 대산종가의 사람들은 벼슬에 큰 관심을 보이지 않았다. 하지만 선조들의 문집을 간행하고, 학문을 이어받는 일에는 참으로 열성적이었다. 대산종가의 사람들은 조상들의 생각과 체취가 담긴 문적들을 어떻게 간행하고 보존해 왔을까.

먼저 『대산집』은 어떻게 간행되었을까. 『대산집』은 목판본으로 모두 52권 27책이다. 현재 『대산집』 목판 1,064장이 2001년에 한국국학진흥원에 기탁되어 관리되고 있다. 『대산집』은 대산의 동생 광정과 아들 완 그리고 조카인 우가 편찬에 참여하였다. 하지만 광정과 완은 『대산집』의 완성을 보지 못하고 세상을 떠났다. 결국 『대산집』의 목판을 판각하고 책으로 묶는 일은 조카인 우의 몫이 되고 말았다. 우는 큰 숙부인 대산을 존경하였다. 대산이 살아 계실 때 수시로 찾아뵈었고, 때때로 공부하다 궁금한 것을 편지로 묻기도 하였다. 『대산집』은 조카 우의 주도로 여러 문인이 유고를 수집하고 편차를 정하고 교정을 거쳐, 1802년 의성의 고운사에서 목판본으로 간행되었다. 이 문집에는 대산의 시

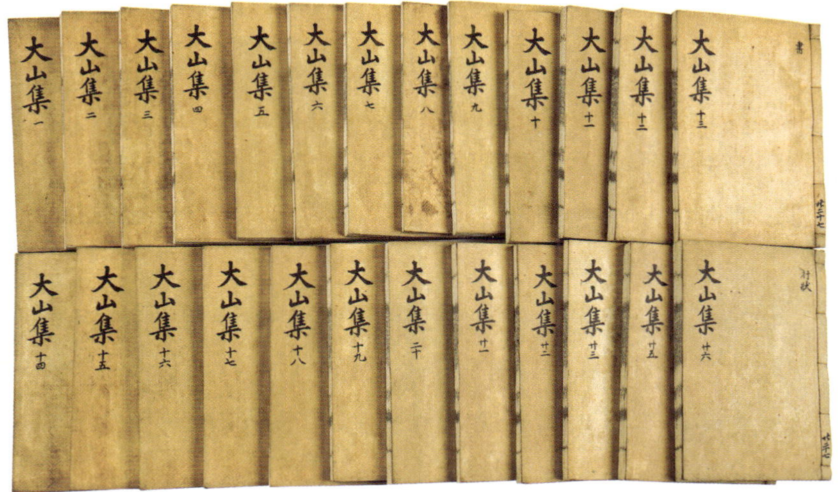

이상정의 조카인 이우가 편집하여 발간한 『대산집』(한국국학진흥원 소장)

350편이 실려 있다. 시 가운데는 퇴계 시 가운데 차운한 것과 관직생활을 할 때 지은 시, 그리고 고산구곡을 읊은 시와 친구들 및 여러 문인들과 함께 차운하여 지은 시 등이 수록되어 있다. 『대산집』에 수록된 「리기휘편理氣彙編」·「퇴계서절요退溪書節要」·「약중편約中編」·「제양록制養錄」·「심경강록간보心經講錄刊補」 등은 성리학적 저술이다. 또한 「경재잠집설敬齋箴集說」, 「퇴도서절요退陶書節要」 등은 이상정이 퇴계의 저술들을 정리한 것이다. 뿐만 아니라 과거제의 문제점과 대안을 제시하는 「과거사의科擧私議」가 있다. 이상정은 「과거사의」를 통하여 과거제의 문제점을 지적하고 대안을 제시하였다. 그가 본 과거제의 문제점과 대안은 이렇다.

이상정은 과거시험을 준비하면서 몸으로 느꼈던 여러 가지 모순들에 대하여 개선책을 다음과 같이 제시하였다. 그는 당시 과거제가 과거시험을 준비하는 사람들의 정신을 황폐화시킬 수 있다고 보았으며 이 모순이 시정되지 않으면 나라가 망할지도 모른다고 하였다. 그가 느꼈던 과거제의 폐단은 어떤 것이었을까. 그는 과거제의 문제점을 교육제도와 빈번한 시행에서 찾았다. 원래 과거는 3년마다 한 번씩 치르는 식년시가 원칙이었으나 잦은 별시와 증광시 · 알성시 등이 수시로 시행되었다. 그런 까닭에 준비하는 사람들이 오랜 시간 학문에 침잠할 수 있는 여유가 없게 되었다. 과거를 준비하는 유생들은 공부를 하면서 자신의 수양에 열중하는 것이 아니라 출제 경향에 맞추어 답안을 작성하는 기술을 익히는 데 급급해하고 있다고 하였다. 경전을 암송하는 명경과의 경우는 뜻도 모르고 글귀만 외우는 훈련을 반복하고 있다고 비판하였다. 더구나 과거에 합격하는 사람들은 소수 문벌 가문에 집중되어 있어 구조적인 문제도 있었다. 이러한 문제점에 대하여 이상정은 다음과 같은 해결책을 제시하였다. 과거제도는 교육제도와 밀접하게 연관되어 있으므로 교육제도를 개선해야 한다. 교육은 훌륭한 선생님을 모시는 것보다 중요한 것이 없다. 훌륭한 선생님을 모시기 위해서는 이미 정평이 난 선생님들을 책임 있는 관원들의 추천을 받아서 임명하여야 한다. 그리고 과거시험은 정기적인 식년시를 제외한 모든 시험을 없애고 식년시의 선발 인원을 절반으로 줄여서 유생들이 안정적으로 공부하고 자신을 수양할 수 있도록 해야 한다.

이상정은 만년에 정조의 부름을 받았다. 정조는 즉위 초에 널리 인재를 구하면서 이상정을 정3품 당상관인 형조참의라는 벼슬로 불렀다. 이상정은 벌써 여러 차례 부르는 정조의 청을 무턱대고 거절만 할 수도 없는 노릇이었다. 이상정은 자신은 이미 나이가 들어 벼슬을 감당하기에 역부족이며 적임이 아니라는 이유로 「구조소九條疏」라는 사직 상소문을 올려 벼슬을 사양하였다.

이상정은 『결송장보決訟場補』라는 예서를 집필하였는데 이 책은 손자인 이병원이 이상정의 어록을 덧붙여서 목판본으로 간행하였다. 그의 제자 가운데 동암 류장원은 『상변통고常變通考』라는 방대한 예서를 발간하였다. 이 『상변통고』는 1783년 류장원이 초고를 완성한 뒤에 그의 제자들이 47년간 보완한 30권 16책의 방대한 예서로, 1830년 목판본으로 간행되었다. 『상변통고』는 한국고전의례연구회에서 2009년에 국역하여 10책으로 출간되었다.

『고산급문록高山及門錄』은 대산의 제자들 명부로, 이상정의 손자인 이병원이 초고를 작성하였으나 완성을 보지 못하고 훗날 류치명이 완성하였다. 『고산급문록』에는 총 273명의 대산 제자들의 이름이 수록되어 있다. 이 명부는 이름 밑에 두 줄로 호와 본관이 명기되어 있다. 진성이씨 이춘부李春溥를 필두로 하고 대산의 수제자로 불리는 호문삼로 즉 이종수 · 류장원 · 김종덕의 이름이 첫 장에 수록되어 있다.

이상정의 문인 류건휴는 퇴계학맥의 적통이 대산에게 이어졌음을 밝히기 위하여 퇴계의 저술과 이상정의 저술 가운데 중요한 부분을 발췌하여 『계호학적溪湖學的』을 엮었다. 『계호학적』은 이황과 이상정의 저술 가운데서 중요한 구절을 발췌하여 14권 2책으로 편집한 필사본이다. 계호란 계상溪上에서 활동한 퇴계와 호상湖上에서 활동한 대산의 학문을 합쳐서 이르는 말이다. 『계호학적』의 특징은 두 학자의 학설을 선집하면서 논평을 전혀 싣지 않았다는 점으로, 오직 퇴계와 대산이 언급한 것만 뽑아서 싣고 사제 간의 문답서간에서는 중요한 구절만 선별하여 일반적인 학술 담론 형식으로 처리하였다는 점이다. 류건휴柳健休가 이 책을 편찬한 목적은 영남 유학자 가운데 두 사람의 대학자를 나란히 배열하여 퇴계학이 면면히 전승된 것을 드러내려 한 것이다. 다시 말하자면 이상정이 이황의 적통을 계승하였다는 사실을 밝히기 위한 것이다.

『고산강회록高山講會錄』은 이상정이 세상을 떠난 후 고산서당이 퇴락하자 제자인 류범휴 등이 1811년 대산의 학덕을 추모하기 위해서 고산서당을 중수하고 연 강회의 기록이다. 당시 참

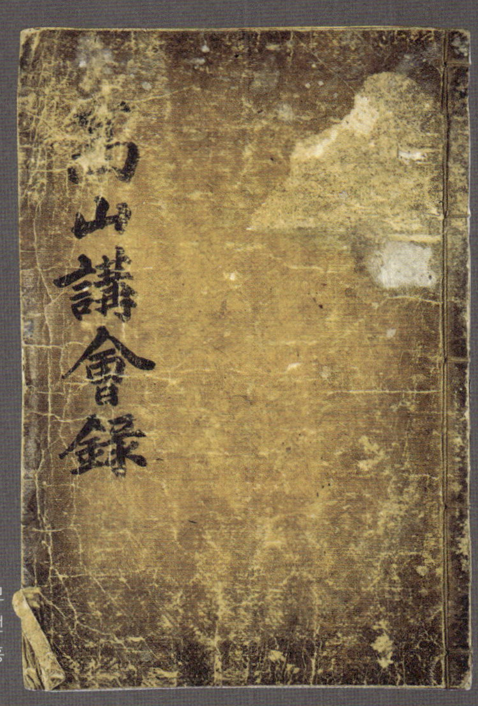

이상정 사후 그의 제자들이 고산서원에 모여 그의 학덕을 추모하기 위해 개최하였던 강회의 기록인 『고산강회록』(한국국학진흥원 소장)

여한 사람은 모두 107명이었으나 뒤에 권이복 등 세 명이 추가로 참여하여 총 110명이 모였다. 이들은 『중용』 가운데 '솔성지위도率性之謂道' 구절에 대한 대산의 해석을 둘러싸고 토론회를 개최하였다.

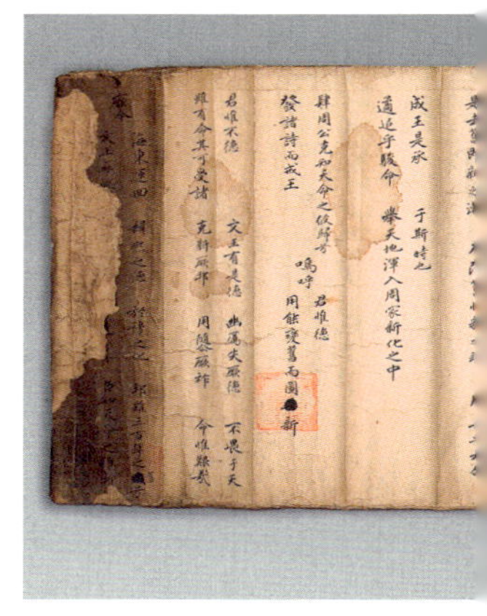

이 밖에도 대산종가에는 『논어』·『맹자』를 비롯한 많은 경서들과 『면재집』·『긍암집』 등 대산 후손들의 문집 및 『후산집』·『천사집』과 같은 문인들의 문집 등을 비롯해서 많은 한적이 소장되어 있다.

대산종가에서 소장하고 있던 문서들의 유형을 살펴보면 대체로 다음과 같다. 대산종가의 고문서는 다른 집안처럼 그 종류가 다양하다. 교지와 시권·시문·소지·상소문 초안·호구단자·준호구·상량문·소지·간찰·제문·만사 등 참으로 많다. 이 많은 고문서들을 모두 소개할 수는 없고 그 가운데 중요한 몇 점을 소개할까 한다.

먼저 이상정의 시권이다. 이상정은 1736년(영조 12) 스물다섯 살의 젊은 나이에 문과에 급제하였다. 이 시권은 이상정이 제출한 답안지로, 시험의 제목은 『시경詩經』의 「문왕文王」편 가운데 "주나라는 오래된 나라지만 하늘로부터 받는 명은 항상 새롭다"(周雖舊邦其命維新)는 것이었다. 이러한 제목에 대해서 이상정이 제

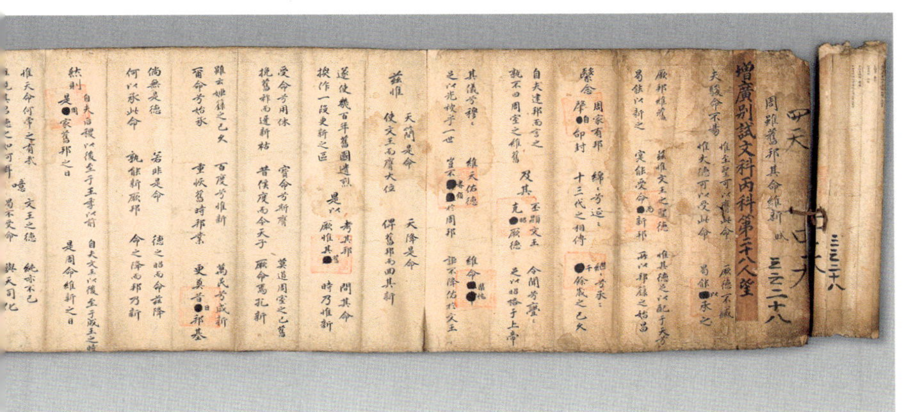

이상정 증광별시 문과시권(한국국학진흥원 소장)

출한 답안의 요지는 이렇다. "하늘의 큰 명은 바뀌지 않는다. 오직 지극한 성인만이 이 명에 응할 수 있다. 이 명을 받은 나라는 새로운 나라이다. 이 명을 받는 사람의 덕은 하늘에 짝한다. 그런 까닭에 나라가 비로소 번성할 수 있다.…… 하늘의 명은 항상 불변하는 것이 아니다. 오로지 그 군왕의 덕이 어떠하냐에 달려 있을 뿐이다"라고 하였다. 정치는 백성의 삶을 살피는 데 있다. 하늘의 명은 고정불변하는 것이 아니라 늘 변화한다. 그런 까닭에 백성들의 마음이 돌아서면 하늘도 명을 거둔다. 그러므로 위정자는 항상 새로운 마음가짐으로 개혁을 게을리하지 않아야 한다는 것이다. 이 답안에는 백성을 하늘같이 섬겨야 한다는 뜻이 담겨 있다. 대산종가에는 대산의 아들 이완과 대산의 현손 이돈우의 과거급제 시권도 남아 있다.

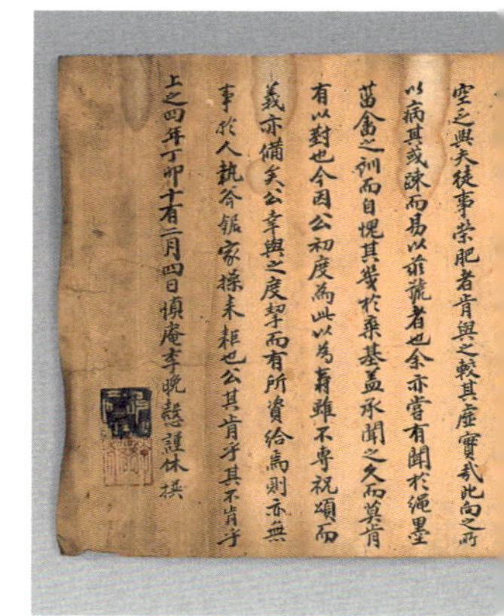

대산종가에 있는 고문서 가운데 흥미로운 것은 벼슬을 사직하는 사직 상소문이다. 1780년(정조 4) 정조는 이상정에게 정3품 병조참지를 내리고 한양으로 올라와 자신을 도와서 현실 정치에 참여해 주기를 원하였다. 정조의 이러한 배려에도 불구하고 이상정은 늙고 병들어 그 직책을 감당할 수 없다는 이유를 들어 사직을 청하였다. 이상정은 사직을 하더라도 일단 왕명으로 벼슬이 내렸기 때문에, 임금의 은혜에 감사하는 사은숙배謝恩肅拜를 하기 위해 한양으로 가야만 하였다. 사은숙배란 조선시대에 임금의 은혜에 감사하며 궁궐 문 앞에서 절을 올리던 것을 말한다. 이상정은 사은숙배를 하러 한양으로 가던 도중 질병으로 몸이 불편하여 도중에 돌아가곤 하였다. 그러나 정조는 이상정의 사직을 허락하지 않고 이후 형조참의를 제수하는 등 끊임없이 자신의 정사를 도와줄 것을 부탁하였다. 이상정은 나이가 들어 몸이 불편하다는 이유로 정조의 청을 번번이 사양하였다. 이상정의 아들 완 또한 1789년(정조 13) 홍문관부교리를 사직하는 상소에서 자신은 능력이 부족하여 국왕

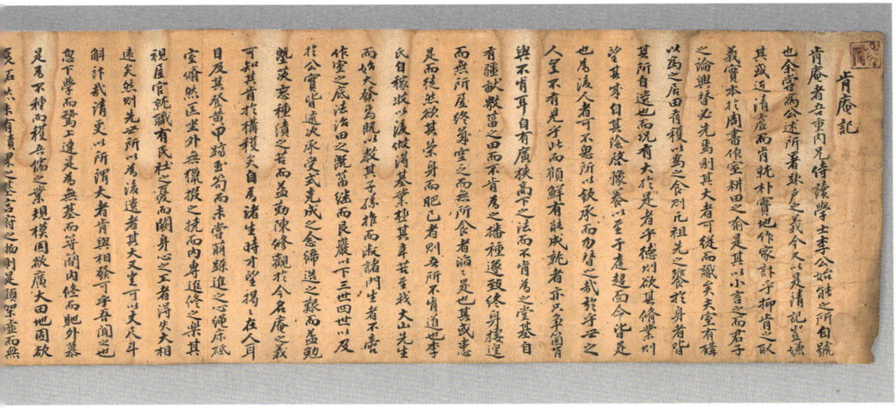

이만각이 긍암의 뜻을 풀이한 「긍암기」(한국국학진흥원 소장)

이 내려준 직책을 감당할 재간이 없다는 이유로 사직을 청하였다. 이러한 사직 상소를 통해서 이들 부자가 애초에 관직에 연연하지 않았음을 알 수 있다. 잘 이해가 안 가는 것은 다른 사람들은 벼슬을 얻지 못해서 안달하여 많은 돈을 주고서라도 벼슬을 사고 싶어하는 것이 현실이었다. 그런데 대산종가의 사람들은 주어진 벼슬도 못하겠다고 사직을 청하는 상소문이 많다는 것이다. 사직을 청하는 내막이야 어찌되었건 유일한 출셋길이었던 벼슬을 사직한다는 것은 보통 사람으로서는 이해하기가 어렵다.

이러한 선조들의 뜻을 이어받은 대산의 현손 돈우는 자신의 호를 긍암이라고 하였다. 돈우의 친구인 신암愼庵 이만각李晩慤은 긍암의 뜻을 풀이하여 「긍암기肯庵記」라는 글을 지었다. 「긍암기」에 이르기를 "집을 짓는 데는 먼저 터를 잡고 난 다음에 건물을 짓는다. 선조가 잡은 터에 좋은 건물을 짓는 것은 자손의 몫이다"라고 하였다. 이것은 이상정이 이루어 놓은 학문적인 업적을 이후에 이완과 이우 그리고 이병운, 이병원과 같은 자손들이 이어 왔음을 말한다. 이처럼 긍암은 선조가 닦은 가업을 자손들이 계승한다는 뜻을 담고 있다고 표현하였다.

대산종가에는 여러 가지 고문서가 많지만 특이한 것은 대부분의 양반 사대부 가문에 있는 매매문기賣買文記가 없다는 점이다. 매매문기는 노비매매문서와 명문明文 등으로 나누어 볼 수 있다. 노비매매문서는 양반 사대부 집안에 흔히 있는 노비奴婢들을 사고파는 문서이다. 조선시대의 노비에게는 오늘날 우리가 생각하는 그런 인권은 없었다. 주인은 노비에게 사형을 제외한 체벌이 가능하였고, 재산처럼 간주되어 매매가 가능하였다. 노奴는 남자 종을 말하고 비婢는 여종을 말한다. 대개 아이를 낳을 수 있는 젊은 나이의 여종이 남자 종인 노보다 값이 비싼 것이 일반적인 관례였다. 명문은 일종의 토지매매문서로 매도인과 매수인이 만나 토지를 흥정하고 거래가 성립되었음을 입증하는 문서이다. 대산종가에 이러한 노비매매문서나 명문이 없다는 것은 노비를 사서 일을 시킬 만한 농토가 없었다는 뜻이 아닐까. 노비를 살 수 없었기 때문에 팔아야 할 사람도 없었을 것이다. 재산이 넉넉하지 못하였기 때문에 토지를 사고팔 여유도 없었다는 말이 된다. 뿐만 아니라 재산을 나누어 주는 분재기分財記나 화회문기和會文記 같은 것도 보이지 않는다. 반면에 다른 종가에서 쉽게 발견하기 어려운 사직 상소문이 많다. 종가에 남아 있는 사직 상소문 초안은 고문서로도 남아 있지만 문집에도 실려 있기 때문에 알 수 있다. 다른 종가에는 많이 남아 있는 경제력을 입증하는 고문서가 보이지 않는다는 것과 다른 종가에는 보이지 않는 사직 상소문이 많다는 것은 대산종가의 특징을 잘 드러내 준다. 이러한 점으로 미루어 볼 때 대산종가는 청빈과 절조로 학문을 숭상하면서 300여 년의 세월을 지켜 왔다.

제4장 대산종가의 건축과 제례

1. 대산종가의 건축

대산종가는 안동에서 대구로 향하는 5번 국도를 따라 가다가 고운사 이정표를 따라 오른쪽으로 꺾어 굴다리를 지나서 좌회전을 하면 그곳에 있다. 종가는 조선시대 대부분의 반가처럼 'ㅁ' 자형 구조이다. 현 종손 이방수 씨의 말에 따르면 300여 년 전 종가가 처음 세워졌을 때는 50여 칸의 큰 집이었다고 하나 대산의 8대손인 용원龍遠이 결혼하고 나서 3~4년 후에 지금의 규모로 줄였다고 한다. 종택을 들어서면 입구 오른쪽에 사당이 있는데 사당은 정면 3칸, 측면 1칸의 맞배지붕 형식이며, 그 앞을 향나무가 지키고 있다. 사당에는 대산 불천위와 4대조의 위패가 모셔져 있다.

종택은 동남향으로 자리를 잡았으며 정면 5칸, 측면 5칸의 팔작지붕으로 사랑방과 마루가 있고 대청은 중앙에 있다. 그리고 대산과 그의 아들 완, 그리고 외증손 류치명이 태어났다고 하는 태실이 있다. 건물은 출입문을 제외하고 사방으로 자연석 기단을 쌓았다. 사랑채 사랑방과 마루 부분의 기단이 가장 높고, 그다음으로 안채 안방과 대청 및 건넌방 부분의 기단이 높다. 이렇게 안팎으로 기단을 쌓고 그 위에 자연석 주초를 놓고 사각기둥을 세웠다. 안채 대청은 4칸 반이고 뒤에는 쌍판문이 2개 있으며 벽은 판벽이다. 또 대청에는 시렁이 있어서 각종 생활용구를 보관할 수 있게 하였다. 안방이 1칸 반이고 식방이 1칸 반이었으나, 지금은 3칸 모두 안방으로 사용하고 있다. 그 앞에 있는 방은 2칸이고 사랑방도 2칸이며 이 방 앞에 2칸의 마루가 있다.

처음 종택이 지어질 때는 솟을대문에 폐려弊廬라는 현판이 걸려 있었을 것이나, 지금은 솟을대문이 없어졌다. 폐려는 대산종택을 상징하는 당호였다. 이 폐려 현판의 뒷면에는 대산의 손자인 병원이 쓴 기문이 있다. 그 기문에 의하면 대산종택의 구조를 어느 정도 알 수 있는데, 대산종가의 건물 이름과 규모, 위치 그리고 그 의미 등을 설명한 내용이 판각되어 있다. 기문의 내용을 살펴보면 대산종가의 건축물은 이렇다.

초려草廬는 옛날 정침의 서쪽에서 조금 북쪽에 있었다. 띳집한 칸으로 돌아가신 할아버지께서 거처하시던 곳이며 40년이나 쓸쓸히 비바람을 가려 주던 곳이다. 만년에는 사방에서 찾아오는 사람이 더욱 많아지고 문밖에는 찾아온 사람들이 진퇴할 곳이 없게 되었다. 1773년(영조 49)에 돌아가신 아버지께서 그 남쪽에 터를 닦아 규모를 넓혀 당堂과 실室을 각각 두 칸을 세웠고 나중에 협실을 각각 반 칸씩 지었는데, 할아버지께서 그 실의 이름을 만수재晩修齋라 하였다. 만수는 중국의 소동파의 시 가운데 "하사下士가 늘그막에 도를 듣고 그럭저럭 옹졸하게 닦는다"에서 취한 것이라고 한다. 그 당을 소은素隱이라 하였는데 소素는 공空이다. 덕이 없으면서 은거하고 지위가 없으면서 은거하는 것을 소은이라고 한다고 하였다. 옆에 끼고 있는 당을 송계松桂라 하고 실을 장서藏書라 하였다. 만수재는 할아버지가 한가하게 수양하시던 곳이고, 장서각은 아버지가 모시고 보살피던 곳이다. 초려가 오래되어 주춧돌이 무너지고 기울어진 것을 바로 세우지 않을 수 없으니 기둥을 교체하지 않을 수 없었다. 1819년(순조 19) 가을에 일을 시작하여 신축하였다. 당실은 소박하여 화려하지 않게 하였고 서까래는 띠로 덮고 기와를 얹지 않았는데, 그 뜻이 옛날 모습을 보존하여 돌아가신 아버지의 검소함을 밝히고자 하였다. 송계와 장서는 옛날 현판이 있었는데 할아버지가 쓰신 것을 아버지가 판각한 것이다. '만수'와 '소은'은 옛날에 쓴 글이 있어서 이제 새겨

폐려 현판과 뒷면에 쓴 이병원의 기문(한국국학진흥원 소장)

지금 폐려에 걸어 놓은 것이다.

이처럼 대산종가를 지켜 온 사람들의 삶은 검소하고 질박하였다. 종택 부근에 후학들을 지도하였던 대산서당이 있었다고 하나 지금은 남아 있지 않다.

폐려의 기문에는 대산종가 사람들의 철학이 담겨 있다. 짚으로 지붕을 이은 오두막살이를 뜻하는 '초려' 는 굳이 보지 않아도 그 규모나 모습이 상상이 간다. 그저 소박하고 아담한 초가집 방 안에 몇 명이 무릎을 맞대고 앉을 만한 규모였을 것이다. 이상정은 늙어서도 수양을 게을리하지 않으리라는 다짐을 담아 '만수재' 를 지었으리라. 그 안에서 단정히 앉아 글을 읽는 자신을 옹졸하고 보잘 것 없는 선비라는 뜻인 '하사' 로 표현하였다. '소은' 은 마음을 비우고 은거하는 사람이 사는 집이라는 뜻이 아닌가. 대산종가에 있었던 이 건물들의 이름에서 험한 세상에서 항상 자신을 다잡으면서 겸손하게 살아가려고 노력하는 모습을 읽을 수 있다.

대산종가와 관련된 건축물로는 고산서원高山書院이 있다. 고산서원은 1767년(영조 43) 봄 이상정의 제자인 이종수와 김종경 등이 중심이 되어 건립한 고산정사高山精舍가 1789년(정조 13)에 승격된 것으로, 1789년 고산서원이 건립되면서 그 안에 하나의 부속 건물이 되었다. 고산정사는 1769년에 바람이 강하고 너무 물가에 인접하여 현재 위치로 이건하였다고 하는데, 현재 고산서원 안쪽 왼편에 자리하고 있다. 고산정사는 정면 3칸, 측면 1칸의 독립된 정자 건물로 따로 담장이 구획되어 있다. 그래서 서원 밖에서 들어갈 수는 없고, 서원 안에 고산정사로 통하는 작은 길이 나 있다. 좌우에 방을 배치하고 가운데는 한 칸 크기의 마루를 깔아

좌우 대칭을 이루고 있다. 지붕은 팔작 형식이며 정면에 출입문이 있다. 고산정사는 주변 경관이 수려하다. 산이 겹겹이 둘러싸여 있고 시냇물이 휘돌아 나가는 고즈넉한 곳에 지어진 고산정사는 세 칸 건물로, 중간을 정춘헌靜春軒이라 하고 남쪽 방은 응암凝庵이라고 하였으며 북쪽의 침소는 낙재樂齋라고 하였다. 이 방의 이름들은 모두 『중용』과 『논어』에서 따온 것이었다. 낙재는 『논어』의 "먼 곳에서 친구가 찾아오니 즐겁지 아니한가"에서 따온 것이었다. 낙재의 북쪽에 소나무 세 그루가 있었는데 이를 세한대歲寒臺라고 하였다. 이 역시 『논어』에 "날씨가 추워진 뒤에야 소나무와 잣나무 잎이 뒤에 지는 것을 알 수 있다"라고 한 구절에서 취한 것이다. 소나무와 잣나무는 지조와 절개를 상징하는 나무이다. 세상을 살아가는 데 지조와 절조가 귀한 덕목임을 일깨워 주는 부분이다. 세한대 옆의 바위는 만대암晩對巖이라 하였고, 연못은 광영담光影潭이라고 하였다. 만대암 동쪽 골짜기 가운데 있는 바위는 이름을 정락대靜樂臺라고 지었다. 대산은 자신이 살고 있는 주변의 나무와 바위, 연못에도 이름을 지어 주고 그 속을 거닐면서 더불어 사는 것을 즐겼다.

고산정사의 건립은 이상정의 학문 여정에 있어 아주 중요한 전기가 되었다. 고산정사를 짓고 나서 그는 더 이상 출사를 하지 않았던 것이다. 물론 조정에서는 관직을 내려서 그를 부르지만 그는 제자들과 찾아오는 손님들을 맞아 학문을 토론하면서 남은

고산서원 호인당(영남문화연구원 제공)

삶을 보냄으로써 삶의 대미를 장식하였다. 그는 풍광이 빼어난 고산정사 주변의 자연과 조화를 이루며 아름답게 삶을 마감하고자 하였다. 앞에는 붉은 석벽이 병풍처럼 둘러 있고, 그 사이로 미천이란 시냇물이 흘러간다. 그는 이 풍광을 고산칠곡高山七曲으로 노래하였는데, 이는 퇴계가 남긴 도산서원 주변의 풍광을 노래한 도산구곡陶山九曲과 형식이나 내용 면에서 모두 비슷하다.

고산서원의 건물로는 강당인 호인당好仁堂과 사당인 경행사

景行祠가 있다. 경행사는 대산의 위패를 모신 사당으로 정면 3칸, 측면 2칸의 맞배지붕 형식이다. 공포는 이익공二翼工 양식을 사용하였으며 겹처마로 단청이 되어 있다. 경행이라는 말은 『시경詩經』 「소아小雅」편 '거할車舝'의 "고산앙지高山仰止, 경행행지景行行止"에 나오는 말로, "높은 산은 모든 사람이 우러러보며, 아름다운 행동은 모든 사람이 본받는다"라는 뜻이다. 훗날 경행사에 대산의 아우인 소산 이광정을 종향으로 배향하였다. 경행사로 올라가는 계단은 동서쪽에 3단으로 놓여 있다. 사당 뜰에는 정료대庭燎臺가 2기 설치되어 있다. 정료대는 다른 말로 불받침대라고도 하는데, 서원에 행사가 있을 때 관솔불을 지펴 그 위에 올려놓고 주위를 밝힌다.

호인당은 유생들이 모여 학문을 강론하던 강당으로 정면 5칸, 측면 2칸의 팔작지붕으로 10칸 건물이다. 동쪽에 명성재明誠齋라고 쓰인 현판이 걸려 있는 2칸짜리 방이 하나 있고 나머지 8칸은 마루이다. 호인당은 서원 행사가 있을 때 유생들이 공론을 형성하는 토론의 장으로 활용되었다.

유생들이 거처하는 공간으로는 동재인 앙지재仰止齋·면언재俛焉齋·청림헌淸臨軒과 서재인 백승각百乘閣이 있다. 동재는 현재 향사 때 제관들의 숙소로 사용되고 있으며, 서재인 백승각은 서원의 유물을 보관하고 있다. 외삼문인 향도문嚮道門 뒤에 있던 정허루靜虛樓는 대원군 시절 서원이 훼철될 때 없어진 이후 아직까지 복설되지 못하였다. 전사청은 향사 때 제수를 마련하여 보관하는 곳이다. 특히 동재와 서재의 앞쪽에는 개방된 마루를 두어 주변 경관을 음미하도록 하였다. 향도문은 향사 때만 개문하여 집사들의 출입문으로 사용되고 있다.

2. 대산종가의 제례문화

1) 대산종가의 불천위 제사

유교에서 조상 제사는 죽은 자와 산 자가 만나는 장이며, 인간이 죽은 후에도 산 자와 교감을 가진다는 전제 아래서 성립된 것이다. 유교에서는 사람이 혼魂과 백魄으로 구성된다고 한다. 사람이 죽으면 혼은 육신을 빠져 나와 하늘로 올라가고, 백은 육신이 땅에 묻힐 때 함께 묻힌다. 그러므로 제사는 죽은 자의 혼과 백을 부르는 의식에서부터 시작된다. 그런데 그 혼백은 영원한 것이 아니다. 인간이 출생할 때는 혼과 백이 만나는 것이지만 죽게 되면 혼과 백은 흩어진다. 혼과 백이 완전히 소멸할 때까지 얼마의 시간이 걸리는가에 대해서 유교는 침묵한다. 이 혼과 백이 소멸하는 시간은 모든 사람에게 똑같은 것이 아니다. 유교에서는 대개 사람이 죽게 되면 4대까지 제사를 모시는 것이 일반적인 관례다. 그렇지만 불천위의 경우는 4대를 넘어 영원히 기념하는 제사를 지낸다. 제사는 신을 부르는 의식이다. 이 의식은 살아 있는 후손이 죽은 조상을 만나는 장이다. 이 만남의 장은 정해진 시간과 정해진 형식에 따라 진행된다. 그 형식은 지역과 집안마다 조금씩 다르지만 큰 틀에서 본다면 대동소이하다.

유교에서 제사는 자신의 근본에 감사하는 뜻을 담고 있다. 그렇기 때문에 집안에 큰일이 있으면 반드시 직계 조상들이 모셔진 사당에 그 사실을 알린다. 뿐만 아니라 종손이나 종부 혹은 가족 중에 누구라도 멀리 가거나 오랫동안 자리를 비우게 되면 어떤 일로 얼마간 자리를 비운다는 사실을 사당에 고한다. 왜냐하면 사당에 모셔진 분들은 돌아가시는 그 순간까지 자신의 삶을 지켜보아 온 아버지와 할아버지들이기 때문이다. 직접 뵌 적은 없다고 하더라도 아버지를 길러낸 할아버지와 증조부를 모신 곳이 사당이다. 형식이 많이 변하고 있기는 하지만 아직까지 제사는 한국 사회에서 많은 집안이 행하고 있는 살아 있는 의식이다. 제사를 소홀히 할 수 없는 것은 나를 길러 준 부모님에 대한 사무치는 그리움과 감사의 뜻이 담겨 있기 때문이다. 오늘날 제사는 청소년들이 알지 못하는 어려운 의식으로 남아 있고, 그 의미가

대산종가 사당(영남문화연구원 제공)

퇴색한 것도 사실이다.

종가의 사당은 요즈음 젊은 세대들이 생각하고 말하는 것처럼 귀신이 있는 곳이 아니고, 나의 뿌리인 돌아가신 아버지와 할아버지 그리고 그 윗대 조상들의 위패가 모셔진 곳이다. 보통 다른 종가에서는 사당이 집안 깊숙한 곳에 자리하고 있다. 그런데 대산종가의 사당은 대문을 들어가면 입구 오른쪽에 바로 자리하고 있다. 사당을 그냥 드러내기가 뭣해서 그 앞에 향나무 한 그루를 심었다. 집안에 깊숙한 다른 공간이 없어서가 아닌 듯하다. 아마도 돌아가신 선조들을 살아 있는 사람처럼 늘 함께하는 구성원으로 여겼기 때문은 아닌지 모르겠다.

제사는 왜 지내는 걸까? 이것은 제사에 있어서 가장 근본적인 질문이자 핵심적인 사안이다. 부모는 나를 낳고 길러 주신 분이다. 그분들이 이 세상을 살다가 인연이 다해서 돌아가셨다. 부모가 계셨기에 오늘 이 자리에 내가 있다. 부모는 은혜와 감사의 대상이다. 무엇으로 그 한량없는 은혜를 보답할 수 있을까. 세상 그 무엇으로도 부모의 은혜를 갚을 길은 없다. 왜냐하면 부모의 사랑은 그 깊이를 가늠할 수 없으며, 부모는 자식에 대해서 언제까지나 무한한 책임을 지는 사람이기 때문이다. 무슨 수로 깊이도 알 수 없는 은혜를 갚는다는 말인가. 부모의 은혜를 갚는다는 것은 아예 말이 되지 않는 소리인 것이다. 그렇지만 하늘의 섭리는 공정한 것이다. 내가 살아생전에 도저히 부모의 은혜를 갚을 수는 없는 노릇이다. 그렇지만 내가 부모가 됨으로써 부모의 은혜를 갚을 수 있는 길이 열리게 된다. 우리는 어려서부터 주위의 어른들로부터 "너도 자식 낳아서 길러 봐라"라는 소리를 자주 들으면서 자랐다. 결혼을 하여 자식을 낳았을 때 그 감격의 순간은 영원히 잊을 수가 없다. 그러나 그때부터 자식에 대한 걱정이 생기기 시작한다. 때로 병이라도 나게 되면 차라리 내가 아팠으면 하는 심정이고, 먼 길을 떠나게 되면 혹시라도 하는 걱정을 떨치기 힘들다. 이것이 부모의 마음이다. 이런 부모의 마음은 자식을 낳아 보지 않은 사람은 알 수가 없다. 부모의 은혜는 그 무엇으로도 도저히 갚을 수 없다. 다만 내가 부모가 되어 자식을 기름으로써, 부모로부터 받은 사랑을 자식에게 되돌려 줌으로써 서로 상쇄시킬 수 있을 뿐이다. 이러한 현상이 자연의 섭리가 인간을 비롯한 모든 동물에게 부여한 부모의 은혜를 갚는 법이라고 생각된다. 세상에 그저 주어지는 공짜란 없는 법이다. 받은 만큼 돌려주어야 하는 것이 자연의 법칙이다. 인간의 상식으로는 받은 사람에게 받은 만큼 돌려주는 것이 당연한 것이다. 그렇지만 우주의 질서라는 관점에서 본다면 내가 물려받은 피와 내가 물려준 피가 크게 다르지 않다는 점에서 '법은 그렇게 흘러가는가 보다' 라고 생각할 뿐이다.

세태와 풍속이 급격하게 변하는 현실을 살아가는 현대인들에게 4대 조상들의 일 년마다 돌아오는 기제사를 일일이 챙긴다는 것은 여간 어려운 일이 아니다. 뿐만 아니라 바쁜 일상 속에 밤 12시가 넘어서 모시는 제사에 참석할 수 있는 사람들은 많지 않다. 더구나 먼 객지에 살고 있는 자손들이 증조 · 고조부의 기일을 기억하기도 쉽지 않지만 기억을 한다고 하더라도 바쁜 일상생활 때문에 제사에 참석하기란 쉽지 않다. 이것은 어느 종가 할 것 없이 이 시대를 살고 있는 우리 모두가 겪는 문제이다. 어떻게 해결할 것인가에 대한 답은 어느 한 사람에 의해서 내려질 수 있는 사안이 못 된다. 많은 사람들이 모여 협의를 한다고 해서 쉽게 결론이 내려질 수 있는 것도 아니다. 그렇다면 대안은 어떻게 찾아져야 하는가. 문중의 큰집인 종가가 앞서서 합리적인 방안으로 변화를 수용해야 한다. 어떤 것을 합리적이라 말하는가? 답은 일을 하는 쪽과 그것을 보는 쪽에서 서로 간에 불편함이 없는 선이 아닐까 생각하지만 그게 어디 쉬운 일인가. 평소 제사를 준비하는 종가의 종손·종부와 참석하는 제관들 사이에 서로를 이해할 수 있는 교감이 이루어진다면 되지 않을까?

2) 제례 준비 과정

예전에 종가에는 집안의 실무적인 일을 관장하는 유사有司가 있어, 집안의 크고 작은 일과 제사 장보기를 맡아 왔다. 그렇지만 현재 많은 종가의 경우 유사를 둘 형편이 못 된다. 대산종가의 불천위 장보기는 종손 부부가 함께한다. 이것은 "제사는 부부가 함께 모시라"라고 한 대산의 유훈을 따른 것이다. 『논어』에 이르기를 "예는 제물을 많이 차려서 성대하게 보이는 것보다는 차라리 검소해야 하며, 상례는 형식적으로 잘 치르는 것보다는 진정으로 슬퍼해야 한다"라고 하였다. 『논어』의 이 말은 예의 근본 의미를 잘 표현한 것이다.

대산종가의 제례는 제물을 풍성하게 차리는 것보다는 검소

대산 불천위 제상(영남문화연구원 제공)

함과 정성을 중요시한다. 장보기가 끝이 나면 제물을 익히고 다듬는 과정이 있다. 많은 종가에서 불천위 제사에는 생고기를 사용한다. 그것은 '군자혈식君子血食' 이라 하여, 불천위의 제사에는 날음식을 쓴다는 의미가 있기 때문이라고 한다. 불천위 제사에는 많은 사람들이 참석한다. 제사가 끝나고 나면 음복이라는 제사의 마지막 절차가 있다. 음복은 복을 마신다는 뜻으로, 그 제사에 참석하였던 모든 사람이 제사에 사용하였던 음식을 나누어 먹음으로써 문중의 화목과 결속을 도모하는 것을 말한다. 이 음복의 과정을 거치고 나면 이튿날 제사에 참석하였던 사람들은 각자의 집으로 돌아간다. 그때 제사에 사용하였던 음식을 조금씩 나누어 보낸다. 그것은 제사에 참석하지 못하고 집에 남아 계신 어른을 위한 배려이다. 날씨를 생각하면 간을 한 생고기보다는 익힌 고기가 쉽게 변할 수 있다. 그런 까닭에도 불천위 제사에는 생고기를 사용한다고 한다. 그러나 대산종가의 불천위 제사에는 모두 익힌 고기를 사용한다. 이것은 현 종손 이방수 씨의 모친 때부터 그렇게 하였다고 한다. 그 까닭은 제사가 끝나고 나면 음복을 위해 생고기를 익힐 때까지 시간이 많이 소요되고, 또 검소하게 차린 제수라서 나눌 것도 많지 않고 해서 그렇게 하였다고 한다.

제물의 진설은 두 차례에 걸쳐 진행된다. 1차 진설은 신위가 모셔지기 전에 과일과 나물 같은 제수를 차리는 것이고, 신위가 모셔진 이후에는 2차로 밥을 뜻하는 메와 국을 뜻하는 갱, 그리고 탕 등 따듯한 음식을 진설한다. 제사 음식을 준비하는 것은 결국은 종부의 몫이다. 음식을 삶고, 익히고, 전을 부치는 일은 자주하는 일이지만 정성이 많이 드는 일이라 늘 조심스럽다. 제수를 준비하는 종부의 마음은 언제나 그렇듯 만족스럽지 못하다. 경제적인 여유도 있고, 준비하는 사람도 많다면 좀 더 많은 음식을 준비할 수도 있겠지만 그렇지 못한 것이 늘 마음에 걸린다.

진설되는 제수의 맨 앞줄은 영남지방의 일반적인 관례처럼 왼쪽부터 조율이시棗栗梨柿의 순으로 진설한다. 우리 속담에 "도랑 건너가서 집사하지 마라"라는 말이 있다. 또 가가예문家家禮文이라는 말도 있다. 집집마다 제수를 진설하는 법과 제사를 진행하는 과정이 조금씩 다른 것은 지극히 일반적인 현상이다. 둘째 줄은 포와 나물 그리고 간장이 놓인다. 셋째 줄은 어육과 산적 그리고 떡을 뜻하는 편이 놓인다. 그리고 제상 맨 앞줄은 밥을 뜻하는 메와 국을 일컫는 갱 그리고 술잔이 놓인다. 제주는 따로 빚지 않고 시중에 나와 있는 법주를 사서 쓴다. 제수를 진설하는 일은 제사에 참석한 제관 가운데 나이가 젊은 사람들의 몫이다.

대산종가 제수 진설의 특징 가운데 하나는 탕이 없다는 것이다. 제사에서 제왕은 7탕, 대부는 5탕, 양반은 3탕, 서민은 단탕이라는 말이 있다고 한다. 안동지역 불천위 종가는 대개 5탕 또는 3탕을 쓴다. 5탕이라면 닭고기로 끓인 계탕, 쇠고기로 만든 육탕, 생선으로 만든 어탕, 조개를 끓인 패탕, 나물로 끓인 소탕 등이다. 하지만 대산종가에서는 탕을 쓰지 않는다. 종손은 탕을 준비하는 것이 번거롭고 힘이 들어서라기보다는 "제사는 검소하되 부부가 정성을 들여서 모시라"라는 유가의 제례에 관한 지침에 따라 그렇게 되었다고 한다. 대산종가의 몸에 밴 검소함이 느껴지는 부분이다. 불천위 제사는 통상 전날 제관들이 종가에 모여 집사분정執事分定을 한다. 집사분정이란 불천위 제사에서 각자의 역할을 분담하는 것을 말한다. 분정은 종손을 비롯하여 집안 어른들이 사랑채 방에 모여서 집사執事를 맡은 제관의 소임을 나누어 정한 뒤 붓으로 써서 붙인다. 소임은 대개 이렇다. 먼저 헌관獻官은 초헌관初獻官, 아헌관亞獻官, 종헌관終獻官이 있다. 그리고 제수를 진열하는 진설陳設과 축문을 읽는 축관祝官, 홀기를 읽는 홀笏, 향을 관장하는 봉향奉香, 향로를 관장하는 봉로奉爐, 촛대와 촛불을 관장하는 봉촉奉燭, 술잔을 나르는 봉잔奉盞 등이 있다. 이들의 소임을 적어 판에 붙인다. 불천위 제사는 예전에는 다른 문중에서도 많이 참석하였으나 요즈음은 그렇지 못한 실정이다. 불천위의 분정은 대개 전날 이루어졌으나 요즈음은 대개 제사를 지내는 입제일 저녁 무렵에 모여서 한다.

3) 제사의 진행

불천위 제사는 자시子時에 행해진다. 자시는 밤 11시부터 다음 날 새벽 1시까지를 말한다. 새벽 1시를 기점으로 불천위 제사는 시작된다. 대산 불천위 제사는 고위考位와 비위妣位의 제사를 따로 모시지 않고 함께 모시는 합설合設이다. 고위는 아버지, 할아버지, 증조할아버지 등 남성의 신위를 말하고, 비위는 어머니, 할머니, 증조할머니 등 여성의 신위를 말한다. 제사가 드는 입제일 낮 제청에 다리가 높은 기상起床과 신위를 모시는 교위를 마련하고 병풍을 쳐 둔다. 제사의 시작은 출주부터 시작된다. 제수의 진설이 끝나면 집사의 홀기 낭독에 따라 사당에서 신위를 모셔

출주(영남문화연구원 제공)

오는 출주가 행해진다. 출주란 사당에 가서 신위를 모셔 오는 일이다. 출주를 시작하기 전에 출주에 참석하는 모든 사람들이 손을 씻는 관세盥洗라는 의식이 있다. 그다음 종손은 향로를 든 향집사와 촛불을 든 촉燭집사, 그리고 축문을 읽는 대축과 함께 사당으로 간다. 사당을 들어갈 때는 동쪽 문으로 들어간다. 나올 때는 신위를 모신 종손은 가운데 중문으로 나오고 다른 사람들은 동문으로 나온다. 사당 안에서 향을 피운 뒤 종손과 함께 간 모든 제관들이 두 번 절하고 제사를 지내기 위해 신주를 제청으로 모시고자 한다는 대축의 고유가 끝나면 감실의 문을 열고 신주를 모시고 나와 제청에 마련된 교의에 모신다.

초헌관은 당연히 종손이고, 아헌관은 종부이다. 종헌관은 집안에서 나이가 많은 어른 가운데 한 분이 맡고, 독축은 목소리가 좋고 글을 잘하는 분 몫이다. 제사에 여러 번 참석한 경험이 있는 집안사람 가운데서 집사와 술을 관리하는 사준司罇의 소임을 맡는다. 기상에 촛불을 밝히고 신위가 교위에 모셔지면 제사에 참석한 모든 제관들이 두 번 절한다. 다음은 강신례降神禮이다. 강신은 신이 자리에 임하는 의식으로, 종손은 먼저 향을 사르고 조금 물러나 꿇어앉는다. 집사는 초헌관에게 술잔을 건네주고 술을 따른다. 술이 따라진 잔을 받은 종손은 향로에 잔을 돌리고 모사茅沙에 술을 세 번에 걸쳐 모두 따른다. 모사란 제사에서 모래를 담은 그릇 안에 띠풀을 묶은 것을 세워 둔 것을 말한다. 이러한 의식은 신이 하늘로부터 지상으로 강림한다는 뜻이 담겨 있다. 이 의식은 땅속에 묻혀 있는 육신을 부르기 위해 술을 붓고, 하늘에 있는 영혼을 불러 합한 다음에 제사를 진행하게 된다. 강신은 땅의 지신에게 알리는 의식으로 모사그릇에 술을 붓는 것이며, 하늘의 영혼을 부르기 위해 향을 태운다. 이러한 강신례를 통해서 망자가 제사에 임할 수 있다고 한다. 강신을 위해 모사에 술을 따르고 난 다음 초헌관은 잠시 허리를 굽혔다가 일어나서 두 번 절하고 원래 있었던 자리로 돌아간다. 그러고 나서 진찬進饌이

종손의 초헌(영남문화연구원 제공)

행해진다. 진찬은 1차 제수 진설 때 올리지 않은 메(밥), 갱(국), 편(떡), 도적(고기) 등 더운 음식을 2차로 진설하는 것을 말한다. 진찬이 끝나면 초헌관은 손을 씻는 관세위에 가서 손을 씻는다.

그다음은 초헌初獻으로, 종손이 제상 앞에 꿇어앉는다. 사준은 술잔을 초헌관에게 건네주고 술을 따른다. 초헌관이 모사에 술을 조금씩 세 번을 따르고 사준에게 술잔을 주면, 사준은 술잔을 신위 앞에 놓는다. 그러고 나서 메의 뚜껑을 연다. 그다음 축관이 초헌관 왼쪽에 꿇어앉아 축문을 읽는다. 축문의 내용을 간

추려 보면 대개 이렇다.

> 모년(임진년: 2012) 모월(12월: 戊寅일이 초하루인 달) 모일(9일) 효손 ○○(방수)는 선조이신 선조(신위가 역임한 관직, 여기서는 이상정이 역임한 관직을 써야 하지만 한자이고 너무 길어 생략함)께 삼가 고합니다. 어느덧 해가 바뀌어 선조(신위가 역임한 관직을 다시 낭독함)께서 돌아가신 날이 다시 돌아오니 길이 사모하는 마음 이기지 못하여, 삼가 맑은 술과 여러 가지 음식을 올리오니 드셔 주시옵소서.

축문에는 돌아가신 분의 관직을 열거하지만 대산이 역임한 관직과 사후에 내려진 증직 벼슬을 열거하면 두 줄이 넘는지라 생략한다. 독축이 끝나면 초헌관은 두 번 절하고 자리로 돌아간다.

아헌亞獻은 종부가 한다. 제관을 인도하는 찬인은 종부를 제상 앞으로 안내한다. 종부가 제상 앞에 꿇어앉으면 사준은 종부에게 술잔을 건네주고 술을 따른다. 종부가 마찬가지로 모사 그릇에 술을 조금씩 세 번 따르고 잔을 사준에게 전하면, 사준은 술잔을 신위 앞에 놓는다. 종부는 허리를 굽히고 일어나서 두 번 절하고 자리로 돌아간다. 아헌은 초헌 다음의 절차로 집안의 안주인이 조상을 뵙는 자리이다. 예로부터 종가의 안주인은 집안의 대소사를 주관하고 곳간의 열쇠를 지닐 만큼 실질적인 경제권을

종부의 아헌(영남문화연구원 제공)

가진 사람이었다. 따라서 종부는 오늘 이 제사가 이루어지기까지 모든 음식의 조리 과정을 총괄 지휘한 중요한 사람이다. 종가에서 종부가 중요한 이유는 또 있다. 그것은 종통을 계승하는 후사를 잇는데 있어 결정적인 역할을 하기 때문이다. 다시 말하자면 자식을 낳아 종가의 대를 잇게 할 수 있는 사람이라는 뜻이다. 그런 까닭에 불천위 제사에 불천위의 부인인 비위도 함께 합설하여 제사를 모신다. 조선시대는 남성 중심의 사회였지만, 양반 사대부 집안에서 여성의 지위가 결코 낮은 것은 아니었다. 뿐만 아니라 남편이 불천위이면 그 부인도 불천위의 부인으로 남편과 함께 불천위 제사의 한 부분을 차지하게 되는 것이다.

종헌관終獻官은 그 제사에 참석한 특별한 사람, 가령 외부에서 귀빈이 오셨다든가 멀리서 제사에 참석하기 위해 왔다든가 등의 특별한 사연이 있는 참석자가 있으면 그 사람을 종헌관으로 분정한다. 그런 일이 없을 경우 대개는 집안의 가장 연장자가 종헌관이 된다. 종헌관 또한 초헌, 아헌관과 같은 절차로 두 번 절하고 자리로 돌아간다.

다음은 첨잔添盞인데, 첨잔은 초헌관이 한다. 제상 앞에 꿇어앉은 초헌관에게 집사는 메를 덮은 뚜껑을 벗겨서 건네주고, 그 뚜껑에 술을 조금 따른다. 그 술을 다시 집사가 받아서 신위 앞에 있는 잔에 세 번씩 따른다. 이 의식은 식사를 하면서 반주로 술을 더 드시라는 의미가 담겨 있다. 이 의식이 끝나면 숟가락을 메의 중앙에 꼽는 삽시정저插匙正箸가 있다. 그 절차가 끝나면 초헌관은 두 번 절하고 물러나 자리로 돌아간다. 다음은 신이 식사를 편하게 하실 수 있도록 문을 닫고 밖에서 기다리는 합문闔門이다. 합문의 시간은 보통 밥을 아홉 숟가락 드시는 시간이라고 하는데, 통상 1분 남짓 기다린다. 그 다음에 축관이 세 번 헛기침을 하게 되면 닫힌 문을 열게 되는데 이를 계문啓門이라고 한다. 계문이 이루어지고 나면 숭늉을 올리는 헌다獻茶 의식이 행해진다. 헌다가 이루어지면 메를 세 번 떠서 물에 만다. 이것을 점다點茶라

불천위 제사가 끝나고 축문을 태우는 분축(영남문화연구원 제공)

고 한다. 점다가 끝나면 모든 참석자들이 잠시 허리를 숙이고 기다린다. 식사를 마치길 기다리는 것이다. 허리를 펴고 나면 축관은 초헌관과 참석자들에게 신위께 음식을 올리는 일이 끝났음을 알린다. 집사는 수저를 내리고 메의 뚜껑을 덮는다. 초헌관 이하 모든 참석자들은 두 번 절하고 축관은 축문을 불사른다. 초헌관은 신위를 다시 사당으로 모시기 위해 밖으로 나가고 제관들이 따라 나간다.

제사의 마지막 절차는 음복飮福이다. 음복은 조상들이 내려

음복(영남문화연구원 제공)

주는 복을 나눈다는 뜻이 담겨 있다. 제관들의 음복은 주로 사랑채로 건너가서 집안 이야기를 나누며 이루어진다. 음복은 제사를 지내고 난 뒤에 제사에 사용하였던 술과 안주를 제관들이 나누어 먹는 것을 말한다. 원래는 제사에 사용하였던 제주를 마시는 것만을 가리켰으나, 후에 제사 음식을 나누어 먹는 것까지 포함하는 뜻으로 쓰이게 되었다. 조상님들께 올렸던 음식을 자손들이 나누어 먹음으로써 조상이 내려 주는 복을 받을 수 있다고 생각하였던 것에서 비롯된 의식이다.

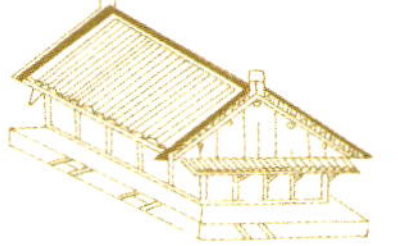

제5장 오늘, 종손 · 종부로 산다는 것

1. 종손과 종부의 삶

이 시대에 종가를 어떻게 가꾸어 갈 것인가 하는 문제는 많은 종가의 종손들이 가지는 어려운 화두이다. 시대가 바뀌었고, 사회가 변하였으며, 오늘을 살아가는 사람들의 가치관이 달라졌기 때문이다. 이 변화에 어떻게 적응할 것인가 하는 문제는 비단 대산 종손만이 느끼는 문제가 아니며, 시대적 과제이다. 종손은 윗대 어른들이 사회의 모범이 되어 온 까닭에 그 전통이 소중하고 자랑스럽다고 한다.

대산종가의 종손 이방수李芳洙 씨는 찾아오면 즐거운 종가가 되어야 한다고 말한다. 지손支孫들이 마지못해서 가지 않으면 안 된다고 생각한다면 종손의 마음이 불편할 뿐만 아니라 찾아오는 지손들도 고역이다. 어떻게 하면 종가를 찾아오는 것이 즐거울 수 있을까. 이것은 시대가 풀어야 할 과제이다. 아마도 종가에서 먼저 베풂이 있어야 하지 않을까. 큰 종택을 지키려면 할 일도 많고, 경제적으로 지출해야 할 것도 많을 것이다. 그 부담을 종가가 모두 안기가 부담스러워 지손들에게 분담을 요구하는 일 같은 것은 안 하겠다는 것이 대산종손의 뜻이다. 지손들은 종가에서 모시는 제사에 참석하는 것이 즐거워야 하고, 종가의 종손과 종부는 찾아오는 지손들이 반가워야 한다. 형식적으로 참석하고 마지못해 제사를 모신다면 그 제사를 받으시는 조상들이 달가울 리가 없다. 무엇이 종가를 즐겁게 할 수 있을까.

대산 종손은 청소년들이 종가에 가면 재미가 있어야 한다고 한다. 내가 물려받은 피의 모태인 종가의 내력과 역사를 재미있게 보여 줄 수 있는 이야기가 있어야 한다. 구체적으로 무엇을 어떻게 할 것인가보다는, 많은 사람들의 지혜를 모아야 할 일이지만, 일단은 종가가 가고 싶은 곳, 머물고 싶은 곳이라는 인상을 줄 필요가 있다는 것이다. 일 년에 십여 번 되는 제사를 즐거운 마음으로 참석하러 오는 후손들이 없는 실정이다. 돌아가신 내 부모와 할아버지 · 할머니를 다시 만나는 일이 번거로운 행사가 되어 버린 것이다. 제사 음식을 장만하고 상차림을 하는 일이 즐거워야 하는데 즐겁지 않은 일이 되어 가는 것이 현실이다.

대산 종손은 그러자면 종가에서 먼저 베풀 준비를 하는 것이 중요하다고 본다. 사람들은 내 것을 남이 가져가는 것보다 다른 사람으로부터 받는 것을 좋아하는 습성이 있다. 찾아오는 지손들과 손님들에게 차 한 잔이라도 대접하려는 마음을 가져야 한다고 한다. 자신을 겸손하게 낮추고, 상대를 대접하는 것이 세상살이에서 잊어서는 안 될 중요한 법이라고 한다. 종가에는 높은 도덕성과 사회적 책임이 요구된다. 그렇기 때문에 종가의 자손들은 늘 행동이 조심스럽다. 잘하는 일은 지극히 당연한 것으로 인식되지만 잘못된 일이나 행동을 하게 되면 그 욕이 조상에게 미치기 때문이다. 자랑스러운 조상을 두었다는 것이 가슴 뿌듯한 일이기는 하지만, 그로 인하여 사회는 종가 후손들의 의사와는 아무런 상관이 없이 그들에게 높은 도덕성과 많은 사회적인 부담, 책임의식을 요구한다. 요즈음은 그런 의식들이 많이 사라졌지만 몇십 년 전만 하더라도 그런 풍조는 꽤 심한 편이었다.

종손 이방수 씨는 이렇게 말한다. "종손으로 해야 할 일 가운데 가장 큰 것은 문중의 화합을 도모하는 것입니다. 그리고 종가를 즐거운 마음으로 찾아오고 싶도록 만드는 것입니다."

종가는 어린이들의 놀이터가 되어야 합니다. 아파트에서 사는 아이들이 종가 넓은 집 와서 뛰어 놀게 내버려 둘랍니다. 그 아이들이 숨바꼭질을 하면서 종가의 부엌에 들어가서 숨고, 다락에도 올라가 보도록 할랍니다. 교육은 가르쳐서 되는 것이 아니라요. 어른들이 어떻게 말하고 행동하느냐를 보여 주는 것이 교육인 기라요.

종손의 교육관은 분명하고, 뚜렷하다. 교육은 지식을 가르치는 것이 아니라 먼저 좋은 인성을 함양하는 것이 중요하다고 한다. 인성교육은 조부모와 부모의 무릎에서 이루어진다. 밥상머리에서 식사를 하면서 어른을 모시는 법을 배워야 한다. 어른이 앉아서 수저를 들기 전에 먼저 식사를 하지 않고 기다리는 것을 보는 것이 교육의 시작이다. 할머니의 무릎에 앉아 옛날이야기 속의 착하고 부지런한 사람은 복을 받고, 악하고 게으른 사람은 벌을 받는다는 것을 들으면서 인성은 함양된다. 이것이 인성교육이다. 이러한 과정을 거치고 난 다음에 지식을 가르쳐야 그 지식이 유용한 가치를 발휘한다. 현대사회는 가정에서 부모를 통해 이루어지는 중요한 인성교육이 사라져 버렸다. 너보다 내가 잘해야 하고 너를 이겨야만 내가 산다는 무한경쟁만 남게 되었다. 이러한 무한경쟁 논리는 사회의 윤리와 도덕과 질서를 무시하고 돈을 좇는 풍토를 만들었다. 대산 종손은 이런 풍토를 개탄한다.

종손은 종부 박정순 씨와 1970년대 초에 서울에서 만나 결혼하였다. 종부는 밀양박씨로 젊은 나이에 대산종가의 종손에게 시집을 와서 낯선 종가의 그 모든 법도를 익혔다. 종부의 친정은 종갓집과는 거리가 먼 집이었으나, 시집을 와서 시댁의 법도를 익혔다고 한다. 종부는 상·제례에 과다한 지출을 삼가고, 사치한 삶을 살지 말라는 선대의 유훈에 따라 늘 검소하고 질박한 생활을 이어 가는 것을 낙으로 알고 있다. 다행히도 요리 솜씨와 집안일을 하는 것은 시집오기 전에 친정에서 익혔으나 종가의 큰살림을 살기에는 서툰 것들이 많았다. 무엇보다도 많은 친척들과 소통하는 것이 어렵고 힘들었다. 가는 것이 있어야 오는 것이 있는 법이다. 내가 먼저 베풀지 않으면 돌아오는 것은 원성뿐이다. 종부는 지손들과 나누는 일에 정성을 기울였다. 종가지만 어려운 살림에 친척들의 대소사를 빠짐없이 챙기는 것은 쉽지 않은 일이었다. 더구나 바깥일에 바쁜 종손의 뒷바라지는 결코 쉽지 않은 일이었다.

지역사회에서 종손으로서의 역할을 하기 위해 도포를 입고, 갓을 써야 하는 일이 많다. 어려서부터 보아 온 일이고 오랫동안 해 왔던 일이라 어렵지는 않지만, 번거로운 것이 사실이다. 종손으로서 문중 대소사에, 그리고 지역사회에서 큰 종가의 종손으로 활동하기 위해 이러한 변신은 늘 있는 일이다. 종손의 변신은 종부의 변장술에 달려 있다. 얼마나 옷가지를 잘 만져 주느냐, 접빈상에 어떤 정성을 담느냐 하는 것은 종부의 소관사항이기 때문이다. 대산 종손은 시대를 넘나드는 변신을 자유롭게 하면서 자연스럽게 사고의 유연성을 익히게 되었다고 한다. 조선 후기 세상

종손 이방수 씨와 종부 박정순 씨

의 중심에서 시대를 앞서갔던 훌륭한 조상의 후손이지만, 지금 18세기의 문화를 지켜야 한다고 고집하기에는 앞뒤가 맞지 않다고 생각한다. 오늘날 18세기의 예법을 고집한다면 통용될 수도 없을 뿐만 아니라, 그런 주장을 하는 사람은 주위로부터 소외당한다는 것을 변신의 순간마다 느낀다고 한다. 예라는 것은 시대에 따라 변해야 한다. 오늘날 예전처럼 삼년상을 치르는 사람도 없을 뿐만 아니라, 삼년상을 치러야 한다고 주장해서도 안 된다. 종손은 삼년상을 치르기 위해서 모든 사회활동을 중단해야 한다. 만약 종손이 공직에 있거나 사기업에 다닌다고 한다면 그것이 가능하겠는가. 종가의 제사에 참석하는 제관들은 새벽 1시에 지내는 제사에 참석하고 다음 날 출근을 해야 하는 직장인들이다. 굳이 새벽 1시 제사를 고집해야 하는가. 이것이 현실이라면 상례와 제사의 형식은 변해야 한다. 굳이 내가 변해야 한다고 하지 않아도 이미 세상은 변하였다. 다만 종손인 내가 그것을 인정하느냐 인정하지 않느냐 하는 자신의 문제로 귀결되어 있을 뿐이다.

21세기는 세계화의 시대라고 한다. 우리나라에도 100만이 넘는 외국인들이 들어와서 살고 있다. 그 외국인들에게 우리의 전통 예법을 강요할 수 있겠는가. 그 외국인이 나의 가족의 범위 안에 들어오지 않는다고 누가 보장하겠는가. 조상들은 당대의 중심에서 활동하였고, 시대를 앞서가는 분들이었다. 현재 그것을 계승하고자 한다면 무조건 그분들의 행적을 본받겠다고 해서는 안 된다. 대산 종손은, 선조들이 살았던 시대와 현재 우리가 살고 있는 시대가 다르다. 무엇을 계승할 것인가. 선조들이 그 시대를 앞서갔던 그 생각을 닮아야 한다고 한다.

2. 종손이 한 일과 앞으로 하고 싶은 일

대산종가의 종손 이방수 씨도 세태의 변화를 감지하지 않을 수 없고, 종가를 유지하기 위해서 현실에 어떤 대안을 마련해야 하는 처지에 있다. 자신은 어려서부터 종가의 법도와 문화를 익혀 온 까닭에 이러한 종가의 문화를 지켜 나갈 수 있지만, 자식들 세대에서는 이러한 문화가 변화될 것이라고 생각한다. 종손은 어려서부터 가을 묘사를 지낼 때면 여러 산에 흩어진 조상들의 묘소를 찾아가서 시제를 지냈던 기억이 있다. 하지만 자식들에게 멀리 흩어진 묘소를 찾아다니라고 할 수 없는 실정이다. 왜냐하면 묘사를 지내기 위해 묘소를 찾아가는 것은 혼자서 하는 일이 아니고 집안의 많은 사람들이 함께 가야 하는 일이기 때문이다.

이방수 씨는 생전에 여러 곳에 흩어진 묘소들을 대산 불천위 사당이 있는 고산서원 뒷산으로 모았다고 한다. 이제는 명절이든 시제든 그곳에 가면 모든 것이 해결되도록 해 놓은 것이다.

현 종손의 자녀들은 이제 모두 성장하여 각기 제 갈 길을 가는 나이가 되었지만, 아직도 부모 눈에 자식은 어린아이나 마찬가지로 보인다. 종손은 슬하에 딸 둘과 아들 하나를 두었는데 큰딸 재영은 일본학을 전공하였고, 둘째 딸 주영은 약학을 전공하였으며, 아들 봉석은 유전자공학을 전공하였다. 종손이 자식들에게 바라는 것은 소박하다.

> 애들이 큰 말썽 안 피우고 자라 준 것은 집안에서 보고 들은 것이 그러니까 그렇지만 유전자공학하는 애를 보고 할배 문집 읽으라 칼 수는 없는 기고, 다만 여기저기 흩어져 있는 산소를 한곳에 모아야지 카는 생각은 늘 했십더. 야들이 크면 혼자 댕길 수는 없는기고, 같이 갈 사람이 없으면 조상 산소가 묵묘가 되는 기라요. 그랄 수는 없잖능교, 그래서 산소를 한곳에 모았십더.

이방수 씨는 종손으로서 어려서부터 종가의 범절을 보고 자랐다. 아이들이 제대로 자라 준 것은 보고 배운 것이 종갓집을 찾아오는 사람들이라 자연스럽게 그 예절이 몸에 익은 탓이라서 그렇게 된 것이라 생각하지만, 그것은 아마도 아버지의 모습에서 자연스럽게 보고 배운 것이다. 하지만 멀리 떨어져 있는 산소를 그대로 두고 시일이 지나서 자신이 세상을 떠나게 된다면 상황은 달라질 것이라는 생각이 들었다. 그래서 몇 년에 걸쳐 산소 이장을 단행하였다고 한다. 산소를 이장한 곳은 대산 불천위가 배향된 고산서원 뒷산이라고 한다. 대산을 비롯한 조상들을 한곳에 모셨으니 조상님들과 살아 있는 종손도 행복할 것이다.

종손은 불천위를 모신 종가로서 자존심을 지키는 것이 쉽지 않다고 한다. 종가문화 유지에 가장 중요한 것이 종손의 역할이다. 이방수 씨는 대구에 살면서 안동 종택을 왕래한다. 젊어서 직장생활을 하다가 현재 조그만 자영업을 하고 있다. 현 종손은 자신이 해야 할 역할을 이렇게 말한다.

> 조상들께 부끄럽지 않은 삶을 살고 싶었습니더. 그러기 위해서는 해야 할 일이 참 많십니데이. 우선 대산 할배 문집을 번역해야 하는데 그기 적지 않은 돈이 드는 기라요. 그라고 내가 인문학을 공부하지 않은 기 한이라요. 그래서 대구 살면서 서당하시는 선생님을 찾아가서 늦게 한문공부를 시작했십더. 나이 들어서 하는 공부라서 큰 진척은 없데예. 그래도 내가 머를 알아야겠다 시퍼서 공부를 시작한 기라요.

내 선조의 삶의 자취를 살피고 싶다는 것은 어쩌면 종손으로서의 소박한 바람인지도 모른다. 선조들의 삶을 본받기 위해서는 그분들이 남긴 저술을 발간하고, 번역하는 일이 우선이다. 후손으로서 번역하고 싶은 마음이야 간절하지만 그 사업은 많은 예산을 필요로 한다. 다행히 『대산집』은 한국고전번역원에서 번역을 시작하여 벌써 몇 권이 출간되었다. 『대산실기』는 2012년에 한국국학진흥원에서 번역하여 발간되어 종손으로서 기쁜 마음 한량없다고 한다. 종손은 올해 『대산집』 번역본이 완간되면 그것을 계기로 대산 선생을 추모하는 학술대회를 개최하는 소박한 꿈을 가지고 있다. 종손의 소박한 꿈은 머지않아 현실로 나타날 것이다. 종손의 얼굴에서 오랜 세월 동안 자신을 단속하고, 이웃을 위해 봉사하며, 종가를 지키고 살아온 선조들의 체취와 연륜이 느껴지는 것 같다.

선조의 체취가 남아 있는 고산서원은 현재 고택체험으로 활용되고 있다. 이방수 씨는 안동에서 서원을 제일 먼저 개방한 사람이라고 자부한다. 한문학을 전공하는 학자와 학생들이 방학을 이용해서 서원을 방문하면 서슴없이 문을 열어 환영하였다. 밖에서 서원을 찾아온 분들이 강학하고 경전을 읽을 공간을 제공하였다. 실례로 한국고전번역원 사람들과 서울과 지방의 인문대학교 교수와 학생들, 그리고 여러 학회의 인사들이 고산서원에서 학문을 토론하고, 서원의 생활을 체험하였다. 종손은 학문하는 사람들이 고산서원을 여름철에 학회나 대학의 학술활동 공간으로 이용해 주기를 원한다. 뿐만 아니라 음악회나 시 낭송회 등 문화공간으로 사용되어도 좋다고 생각한다. 학술모임에서 토론의 장으로 활용된다면 더 이상 바랄 것이 없지만, 지역적으로 먼 거리에 있어 활용에 실질적인 어려움이 있다. 몇 년 전부터 여름방학이면 서울에 있는 학회에서 내려와서 학술세미나를 개최하는 것이 그나마 위안이 된다. 종손의 생각은 늘 사회를 향해 열어 두고 있다. 귀중한 선조의 유물을 집안에 두고 몇몇 사람들이 보기보다는 그 속에 담긴 뜻을 많은 사람들과 함께하는 것이 바람직하다고 생각하였다. 그런 생각으로 300년 세월을 잘 보관하여 왔던 종가의 고서 · 고문서 · 목판 등과 기타 모든 유물 4,000여 점을 일괄로 2001년 한국국학진흥원에 기탁하였다. 종손은 2011년 대산 선생 탄신 300주년을 맞이하여 한국국학진흥원에서 기념학술대회와 한산이씨 소호문중 기탁문중 특별전이 개최된 것을 무척 자랑스럽게 생각한다.

현 종손은 작년에 경상북도 산하 단체인 '경북문화유산보존회' 회장에 피선되었다. 이 단체는 경북지방에 산재해 있는 종택과 각종 문화재, 즉 고서 · 고문서 · 목판 등을 보존하고 유지 · 관리하는 방안을 모색하는 기구이다. 그는 이 단체를 통해 현대화의 물결에 밀려 종가를 떠난 종손들이 다시 종가에 정착할 수 있도록 하는 방안을 모색하고자 한다고 하였다. 종가의 사랑방에 모여 현대사회에서의 종가의 위상에 대해 같이 토론하고 고민도 하는 열린 공간을 마련해 보고 싶다고 한다. 예전 종가를 지키고 사셨던 현조들은 시대의 중심에서 시대적 과제를 해결하려고 치열하게 노력하셨던 분들이다. 그분들은 강직한 성품의 소유자로 불의와 타협하지 않으셨고 갖은 어려움을 꿋꿋하게 이겨 내신 분들이다. 세상의 명리와 타협하지 않고 지조와 절개를 지키면서 세상을 사신 분들이다. 대산 종손은 오늘 그 종가에 살고 있는 후손으로서 오늘날 이 시대를 어떻게 하면 사람다운 사람들이 살아가는 세상으로 만들 수 있을까에 대해 고민하며 살고 있다.

3. 종부의 바람

종가는 그 문중의 적장자가 계승하는 집안으로 종통이 그곳에 있어 찾는 사람들이 많다. 문중 사람들이 집안의 대소사를 의논하기 위해 찾는 것은 크게 이야기할 것도 못 된다. 조선시대에는 지방 수령이 임지에 부임하면 제일 먼저 하는 일이 그 지방의 명문세족 집안을 찾아 인사를 하는 것이었다. 명문세족이란 대개는 종가와 그 지역 유지를 뜻한다. 그런 까닭에 종가는 늘 손님들로 붐빈다. 부임하는 지방 수령뿐만 아니라 원근 학자들의 출입도 잦다. 왜냐하면 그 지역의 역사와 내력이 종가에 담겨 있기 때문이다. 그것뿐이랴. 현대에 들어와서는 조선시대를 전공하는 원로 학자에서부터 이제 갓 공부를 시작하는 초학에 이르기까지 그야말로 문지방이 닳도록 드나드는 곳이 종가이다. 예부터 종가문화를 상징하는 것은 봉제사 · 접빈객이었다. 제사를 모시는 것은 내 집안 어른을 받드는 것이라서 집안 내부의 문제지만, 접빈객은 외부 손님을 모시는 것이라서 더욱 조심스럽다. 집안사람이라면 크게 허물이 되지 않을 것이라도 바깥사람이 보기에는 조심스러운 면이 많은 것도 사실이다. 집안 안팎의 살림을 챙기는 것은 오로지 종부의 몫이다. 종손이 역할을 제대로 하기 위해서는 안살림이 제대로 꾸려져야 가능한 것이다. 대산종가의 종부인 박정순 씨는 외모부터 넉넉함이 보이는 후덕한 인상이다.

전통사회에서는 종부가 소작농들로부터 들어오는 세경과 각종 곡물을 쌓아 두는 곳간 열쇠를 쥐고 집안 살림을 꾸려가는 생활을 하였다. 그러나 오늘날에는 남편인 종손의 봉급에 의존해서 살아야 한다. 종부는 넉넉지 않은 살림살이를 해 오면서 근검과 절약이 몸에 밴 삶을 살아왔다. 종가는 일반 가정집과 달리 제사가 많고 찾아오는 손님이 많은 곳이다. 따라서 음식을 조리하는 것은 일상의 식생활과 종부의 중요한 책무인 봉제사, 접빈객을 위해서도 매우 중요한 일이다. 예부터 이름 있는 큰 종가에서는 나름대로 특유한 음식 조리법이 있어 오랜 세월 전해 오면서 대물림하여 좋은 음식을 잘 만드는 방법을 알아내었다. 그리고 이를 딸과 며느리에게 가르쳐 주는 것이 종부의 중요한 책무였다.

접빈 음식(영남문화연구원 제공)

종가를 지키면서 오가며 들르는 사람들을 접대하는 것은 쉬운 일이 아니다. 항상 준비된 음식이 있어야 하고, 찾아오는 손님을 맞을 준비가 되어 있어야 한다. 무엇으로 손님을 맞았으며, 어떻게 접대를 하였을까. 대산종가의 종부가 준비하는 접빈상에 나오는 것은 대추차와 과일, 그리고 호박떡과 강정류 등이다. 찾아오는 손님을 맞이하여 이야기를 나누는 데 필요한 매개체로서 차는 중요하다. 차는 사람의 마음을 편하게 해 주고, 따듯하게 해준다. 예부터 우리나라에는 여러 가지 많은 차들이 있었다. 녹차와 감잎차, 연잎차, 뽕잎차 등 그 종류는 참 많았다. 그런데 차는 쉽게 구할 수 있고 준비하는 데 번거롭지 않아야 하며 내놓는 사람과 받는 사람이 부담스럽지 않은 것이 좋다. 대산종가에서 내놓는 대추차는 특별한 가공을 거치지 않은 대추에 생강 몇 쪽을 넣고 물을 붓고 정성 들여 달인 것이다. 예전이나 지금이나 대추를 구하는 것은 그리 어렵지 않다. 대추차는 오랜 시간을 달였기 때문에 진하면서도 구수하여 사람의 마음을 편하게 해 준다. 한방에서 말하는 대추의 효능은 굉장하다.

대추는 한방에서 약을 달이거나 건강식을 만들 때 빠트리지 않고 넣는 과일이다. 대추는 모든 약재와 조화를 잘 이루며, 약물의 독성과 자극을 덜어 준다. 뿐만 아니라 부작용을 중화시켜 주고 위를 보호해 주기 때문에 약을 복용할 때 위가 상하는 것을 막아 준다. 『동의보감東醫寶鑑』에 의하면 "대추는 맛이 달고 독이 없으며 속을 편안하게 하고 오장을 보호한다. 오래 먹으면 안색이 좋아지고 몸이 가벼워지면서 늙지 않게 한다"라고 되어 있다.

대산종가의 호박떡 또한 맛이 기가 막히다. 아주 작게 한입에 들어가도록 호박으로 만든 떡은 찹쌀로 빚은 것이라 달작지근하면서도 찰지다. 호박의 효능 또한 적지 않다. 종부는 호박을 쪄서 체에 내려 찹쌀과 버무려서 떡을 만든다고 하였다. 호박은 영양 간식으로, 또 산모나 환자의 회복식으로 오랫동안 사랑을 받아왔다. 호박은 잎, 줄기, 꼭지, 열매, 씨 등 모든 부분이 식용 또는 약용으로 이용되고 있어 그 어느 것 하나도 버릴 것이 없는 먹거리다. 한방에서는 호박을 '남과南瓜' 라고 하며, 그 성질은 따뜻하고, 맛은 달콤하며, 소화기관인 비위의 경락에 작용한다고 한다. 음양오행에서 '토土' 의 기운을 지닌 약재로 분류된다. 호박은 오장을 편안하게 해 주고, 비위의 기능을 튼튼하게 하여 입맛을 좋게 하고 소화를 돕는다고 한다. 강정류 또한 집에서 종부가 손수 만든다고 하니 그 맛과 정성과 노력이 놀라울 따름이다. 집안의 세세한 부분까지 늘 살펴야 하는 종부의 삶은 누구나 할 수 있는 일이 아니다. 종가의 종부로 살아간다는 것은 어진 성품과 부지런함 그리고 인내심이 없이는 불가능한 일이다.

접빈 음식으로 내놓는 한 잔의 차와 한 접시의 떡, 그리고 과일과 강정 속에는 찾아온 손님을 대하는 주인의 따뜻한 마음이 담겨 있고, 게다가 손님의 건강까지 챙겨 줄 수 있으니 얼마나 사려 깊은 접대인가. 차 한 잔에 집안의 정성과 손님에 대한 배려가 녹아 있으니 그 얼마나 복된 만남이겠는가. 이처럼 큰 종가에서 모든 사람들을 대하는 데는 적지 않은 정성과 배려가 담겨 있다.

사랑채에서 손님을 맞이하는 것은 종손의 일이지만 안채에서 다과상을 내는 것은 종부의 몫이다. 요즈음은 예전과 달라서 내방객들이 사전에 미리 연락을 하고 시간을 정해서 찾아오는 경우가 많지만, 아직도 손님은 언제, 어디서, 어떻게 찾아올지 모르는 일이다. 난데없이 불쑥 찾아오는 손님들에게 인상 깊은 대접을 하자면 항상 준비된 음식이 있어야 하는 것이 종갓집 살림살이의 기본 수칙이다. 그러려면 종부는 일 년 내내 그 준비를 해야 하고, 언제나 접빈 음식이 떨어지지 않게 신경을 써야 한다.

종부는 21세기에 큰 종가의 살림을 꾸리면서 현대 여성들이 추구하는 삶과는 다소 거리가 있는 생활을 하지 않을 수 없었다고 한다. 현대를 살면서 전통적인 모습을 많이 갖춘 삶의 형식이 결코 쉽지만은 않았다. 자식들 또한 현대를 살아가지 않을 수 없다. 자식들의 사고와 생활방식 역시 시대에 뒤져서는 안 된다. 하지만 윗대 어른들은 시대를 앞서가면서 어려운 과제들을 슬기롭게 헤쳐 가신 분들이다. 바로 그런 점을 자식들이 닮아 주었으면 한다. 자신이 어떤 분야에서 무엇을 하건 말이다. 굳이 인문학이 아니어도 좋다. 어차피 선조들의 훌륭한 업적은 그것을 연구하는 사람들의 몫이다. 대산종가의 종부 박정순 씨는 자식들이 남들을 배려하고, 국가나 사회에 어려움이 닥쳤을 때 앞장서서 해결해 나간 훌륭한 선조들의 기상을 배워 주었으면 하는 것이 소박한 바람이라고 한다.

참고문헌

『永嘉誌』.

權　萬, 『江左集』(『한국문집총간』 제209집), 민족문화추진회, 1998.

李象靖, 『大山實記』(목판본).

______, 『大山全書』, 大譜社, 1999.

______, 『大山集』(『한국문집총간』 제226 · 227집), 민족문화추진회, 1999.

이상정 지음, 이정원 옮김, 『대산집』 7, 한국고전번역원, 2012.

권오영, 『조선후기 유림의 사상과 활동』, 돌베개, 2003.

김경호 지음, 『동양적 사유는 어떻게 탄생했는가』, 글항아리, 2012.

김근호 · 김우동 · 박정희 · 신상목 · 정재구 · 정태연 옮김, 『대산선생실기』, 한국국학진흥원, 2012.

김순석, 『대산 이상정의 생각과 삶』, 한국국학진흥원, 2007.

대산 이상정 선생 기념사업회, 『대산 이상정 선생의 학문과 사상』, 2011.6.

이　욱 · 김미영 · 김시덕 · 권삼문 지음, 『조상제사 어떻게 지낼 것인가』, 민속원, 2012.

한국국학진흥원, 『18세기 퇴계학의 전개 대산 이상정』(한국국학진흥원 학술대회 발표집), 2011.6.20.

한국국학진흥원 유교문화박물관, 『만인소－만 사람의 뜻은 천하의 뜻－』(특별기획전 도록), 2007.6.

____________________________, 『다시 유학의 의미를 묻다』(제8회 기탁문중 특별전－한산이씨 소호문중), 한국국학진흥원, 2011.

김　영, 「18세기 嶺南地方 文學 · 思想論爭－江左 對 大山 論爭의 성격과 訥隱 · 霽山의 仲裁論理－」, 『동방학지』 51권, 연세대학교 국학연구원, 1986.

안영상, 「퇴계학파 내 호발설의 이해에 대한 고찰－성호 · 청대 · 대산의 논쟁 비교를 통하여」, 『퇴계학연구』 제115집, 2004.
_____, 「대산학파의 중화 논쟁과 그 의미-性·道와 관련성을 중심으로」, 『동양철학』 제13집, 동양철학회, 2005.
전병철, 「大山 李象靖 性理說의 會通的 性格」, 경상대학교 철학과 박사학위논문, 2007.